日本禁酒・断酒・排酒運動叢書 1

日本禁酒史

藤原 暁三 著

慧文社

日本禁酒・断酒・排酒運動叢書の刊行に寄せて

アメリカの所謂「禁酒法」について、鼻で笑い馬鹿にするが如き態度をとる日本人は多い。だが、アメリカの道徳的改良主義に源を発する同法が、結果的には失敗に終わったとはいえ、如何に真摯な問題意識から起こった、人類史上稀にみる「実験」であり「試行錯誤」であったのかを我々は改めて確認する必要がある。日々目の当たりにする「酒害」の問題に、目を背けることなく、世に警鐘を鳴らし、それと戦い続けた慧眼の持ち主は、米国のみならず我が国にも多数存在した。しかも、米国の「禁酒法」より遥か昔、古代からわが国では、「禁酒運動」が細々ながら連綿と続けられてきたという事実は、本叢書第一巻「日本禁酒史」において明らかになるであろう。

本叢書は、そのような先人諸賢の言葉に謙虚に耳を傾け、今後の「禁酒運動」発展の一助となるよう、広く古今の名著を収集して編纂されたものである。「運動」といっても、何もプラカードを掲げて市中を行進するばかりが「運動」ではない。我々の周りの問題飲酒者に注意を喚起し、手を差し伸べることもまた、立派な「運動」なのである。

酒害は真っ先に「人間関係」を破壊するが、酒害からの回復もまた「人間関係」によって齎される。或る種の目的を遂げるべく、国や社会、地域コミュニティー、家族などにおける「人間関係」に一定の影響を与えんとすること、それを広い意味で「運動」と呼んで差し支えないとの理由から、本叢書に「運動」の語を冠した次第である。

本叢書が、我が国におけるこれからの「禁酒運動」を理論的に後押しし、一人でも多くの酒害者やその家族の方々に希望の光が兆すことを祈るばかりである。

平成二十八年十二月吉日

編者　日高　彪

改訂新版刊行にあたって

一、本書は一九四〇年に出版された、藤原暁三・著『日本禁酒史』(日本国民禁酒同盟) を基に編集を加えた改訂新版である。

一、原本における明らかな誤植は、これを改めた。

一、原本の趣を極力尊重しながらも、現代の読者の便を図って以下の原則に従って現代通行のものに改めた。

i 『旧字・旧仮名』は『新字・新仮名』に改めた。

ii 踊り字は「々」のみを使用し、他のものは使用しない表記に改めた。

iii 引用の送り仮名や句読点は、読みやすさを考えて適宜取捨した。

iv 難読と思われる語句や、副詞・接続詞等の漢字表記は、ルビを付すか、一部かな表記に改めた。

慧文社

例言

一、本書は、紀元二千六百年全国禁酒大会が記念事業の一つとして着手せる「禁酒日本史の闡明《せんめい》」の最初の結実として公刊されたものである。

一、この仕事のために小野清一郎、諸岡存《もろおかたもつ》、藤原暁三、小塩完次の四氏が編纂委員にあげられている。而して本書の執筆には専ら藤原暁三氏がこれに当たった。

一、本書には「江戸時代」までを扱うにとどめた。明治以後現今に至るものは、本書に輯録《しゅうろく》せる各時代に就いての更に精細なる研究とともに、稿を改めて公にせらるるであろう。

序

光輝ある皇紀二千六百年を迎えて、日本国民禁酒同盟の全国大会を皇都東京に開催するにあたり、茲《ここ》に同志藤原暁三君の編述にかかる『日本禁酒史』一巻を公刊することを得るは、私の最も欣快《きんかい》とするところである。

惟《おも》うに明治以後我が邦における禁酒運動は欧米におけるそれに刺激されて発展したものであることは周知の事実である。而してそのことについて我々は大いに感謝しているのである。しかしながら、我が邦における禁酒の思想及び実践が欧米の禁酒運動によって初めて生じたものと思う者があるならば、それは勿論全くの錯誤である。我が日本民族は古来酒より生ずる精神的、肉体的害悪について決して無関心ではなかった。否、日本民族こそは最も鋭く酒の害悪を直感した民族であったのである。我等の祖先はこの恐るべき害悪に対して断乎たる否定と闘争とを繰り返した。よしそれが酒の魅惑を完全に封じ去ることが出来なかったとはいえ、禁酒思想は脈々として日本文化の裡に流れ、日本文化の真摯厳粛なる性格を維持せしめた。本書はその歴史的事実を指摘してくれるであろう。

我が禁酒運動は今や欧米禁酒運動の模倣追随から脱却しなければならない。それは日本民族の歴史的伝統の線に沿い、その文化的性格を基調とする真の国民的運動とならなければならない。然《しか》らざれば、ついにその目的を達することが出来ないであろう。政治、社会、文化あらゆる方面において国民的自覚が必要とせられている時にあたり、私は本書が国民的禁酒運動の新なる発足に対して寄与するところ大なるべきを信じ、これを全国の同志に推薦するものである。

昭和十五年四月二十一日

小野清一郎

目次

一　はしがき

豊葦原《とよあしはら》の千五百秋《ちいほあき》の瑞穂《みずほ》の国はこれ吾《あ》が子孫《うみのこ》の王《きみ》たるべきの地《くに》なり、宜《よろ》しく爾《いまし》皇孫《すめみま》就《ゆい》て治《しら》せ、行矣《さきくませ》、宝祚《あまつひつぎ》の隆《さか》えまさんこと、天壌《あめつち》と窮《きわま》り無かるべし

万代不易の御神勅を奉じて、天孫はこの国土に降臨ましまして国土を剏開《そうかい》し給うたのである。今や皇紀二千六百年を迎え、聖戦によって皇威は遠く大陸に伸び、躍進日本の姿は世界の大舞台にはっきり印せられ、この御神勅の宏謨《こうぼ》が如実に顕現していることに深き感激を覚えるのである。

我等人間はこの世に産声をあげて、赤子より成年に生長し、精神的にも肉体的にも発達成長をとげて、独立して一人前の人間となり、やがてその活動が鈍って老衰期に入り遂に死ぬのである。この間を人生五十年と名づけているのであるが、国家の上に

もこれと同様の運命をたどるものなしということが出来るであろうか。或《ある》いはこの天寿を全うせずして、病の為に、負傷の為に、思わざる危害の為に、成年期にも達せずして早世する例もまた少なくはない。然るに我が国は病にも危害にもあわないわけではないが、何時もその生命を全うし、実に世界唯一無二の大日本帝国を今日に存続せるはまさに世界の驚異であり、一大奇蹟でもある。

国の病とは酒色《しゅしょく》である。世界歴史上、興亡変遷の推移の中に、この病に蝕《むしば》まれ、亡んだ国の悲惨の歴史の跡は枚挙に遑《いとま》がない。我が国にもこの害毒を蒙《こうむ》るなしとはいわぬが、病重うしては、必ず禁酒制酒が高調せられて起死回生の妙薬となって、諸悪の根源・酒からまぬがれ出ている。日本国の大生命の連続を静かに眺める時、酒魔を排撃した昭々たる史実を看過して、国史の理解は不可能である。

中すも畏《かしこ》いことであるが、皇祖はアルコール分なき酒、即ち甘酒を用い給うた。外国の製法が伝わり、害毒ある強き酒となって、種々様々に変遷はあったが、幸いにも禁酒制酒の精神が実行せられて、大なる意義を発揮した。日本歴史の中でこの事実を見る時代を列挙すれば、

聖徳太子の新政
大化の改新
奈良朝の勅令
平安初期の勅令
鎌倉執権の禁令
江戸時代の初中期

これが特に酒を問題とした時代であって、国運の進展と並行して禁酒は高調せられている。これに反して聖徳太子以前の閥族《ばつぞく》専横時代、藤原氏時代、室町戦国時代、この時代には酒のことは一向に顧慮されて居らぬ。国勢進展の活動力からいえば最もその力の勝《まさ》った時代であり、酒魔跳躍のうれうべき病的の時代であった。されば、この時代には禁酒制酒の言葉すら薬にしたくもないのであった。

酒を尺度として測定せる国家の興亡盛衰は、まことに昭々として、吾等の前に明々白々たる史実を繰りひろげる。民族の発展国家の弥栄《いやさか》を思うては、日本禁酒史の闡明《せんめい》はまことに意義深きを覚えるのである。

二　上代と酒

酒の起源についてはすこぶる古く、いずれの時代と決定し難いのであるが、神話の中には酒のことが見えて、須佐之男命《すさのおのみこと》が、出雲国に降《くだ》って簸《ひ》の川上で八岐大蛇《やまたのおろち》を退治せられた時に、八醞《やしおり》の酒をかもして、八甕《やはち》に酒をたたえて、奇稲田姫《くしいなだひめ》の影をうつし、それを飲んで酔っぱらった所を命《みこと》が退治せられた話は有名である。酒を飲むと必ず油断失敗あるは、これらの話がよく物語る所である。この酒は『日本書紀』によると果物から作った酒である。米から醸《かも》した酒は

時に神吾田鹿葦津姫《かみあたかしつひめ》卜定田《うらへた》を以て号《なづ》けて狭名田《さなだ》と曰う、その田の稲を以て天甜酒《あめのたむさけ》を醸《か》みて嘗《にいなえ》す。

とあるは、米から作られた酒の起源であろう。神吾田鹿葦津姫は、またの名を木花咲《このはなさく》耶《や》姫《ひめ》と申し上げる。天照大神の御神勅を奉じて、この上に天孫降臨遊ばされた皇孫《すめみま》瓊々《にに》杵《ぎ》尊《のみこと》の皇妃におわし、国神大山津見《おおやまつみ》の神の女《むすめ》である。火闌降《ほすせり》命《のみこと》、彦火火出見《ひこほほでみ》尊《のみこと》の二皇子が生まれまして、この祝賀の為に、天甜酒を醸みされたのである。皇孫の食召す料として米より作られた酒である。忌部正通《いんべのまさみち》は書紀の古註に「天甜酒は醴酒なり」と断言している。醴酒《れいしゅ》とはアルコール分なき甘酒である。

日向国高千穂峯《たかちほのみね》は天孫降臨あらせられし聖地である。同国妻駅にある妻神社は、国母木花咲耶姫を奉祀《ほうし》してある神社である。その附近三宅神社は瓊々杵尊を奉祀してある神社である。この両社とも共に古来より神酒としては甘酒のみをそなえ、余他の酒を供えないことになっている。アルコール分なき甘酒を供えていることに注意すべき現象といわねばならぬ。甘酒と木花咲耶姫との関係は後来深く行き渡ったものと見えて、甘酒の看板に富士僧を書いているのは面白い。富士山の神は浅間神社にして木花咲耶姫を奉祀してある。おたふくの姫をあらわして甘酒の代名詞とした所は、まことに深甚《しんじん》の関係が知られるのである。

木村明啓《めいけい》の『雲錦随筆《うんきんずいひつ》』によれば

『公事根源《くじこんげん》』に曰く、一夜酒とは、きょうつくれば翌《あした》は供ずるなり。一夜を経たる竹葉の酒なれば一夜酒と申すなり。一夜酒、またこざけともいえり云々。これ則ち甘酒の事なり。『日本書紀』に曰く、応神天皇十九年冬十月戊戌朔《ぼじゅつさく》、吉野宮に幸す。時に国栖人《くずびと》朝に来る。これによって醴酒を以て天皇に献ずと云々。往古より祭酒には多く醴を用い、且つ毎六月朔日天子へ醴酒を献《たてまつ》る事あり。

新六帖

幾千代も絶ず備えん水無月のきょうのこざけも君がまにまに　前大納言

浪華《なにわ》の良践《りょうせん》を始め、近郷の家毎に九月生土《しょうど》の神事には醴を醸して神に供じ、来客にも勧め、家門の上下これを祝いて飲むを風とす。故に醴祭という。また浪華へ渡海の船舶月港に泊りて越年なす者多く、醴を造りて歳首《さいしゅ》に船玉神《ふなだまがみ》へ供えてこれを祭るを風とす。されば一夜酒を用いて神に供ずる事その例久遠《くおん》ならん。

神酒は甘酒が本来ということを明らかに見ることが出来るのである。摂津国住吉神社の新嘗祭《にいなめさい》のことについて同じく『雲錦随筆』に

十一月丑の日より始まり潔祭一七ケ日なり。この神事にも侍者御前（俗におもとの宮という）に於いても、神官甘酒を醸して大神に奉る。二月祈年穀祭《きねんこくさい》と、新嘗祭とは天下安泰、国家静謐《せいひつ》、五穀成就の大祭なりとぞ

（『日本随筆大成』第二　二六）

と甘酒を供えることをしるし、更に伊勢神宮の御祭にも甘酒を供えることを明らかにしている。

伊勢の御祭礼は例年九月にして、外宮《げぐう》は十六日、内宮《ないくう》は十七日なり。禁裡より奉幣《ほうへい》の御勅使御参向あり、これを例幣使《れいへいし》と称す。これは当年の早稲《わせ》を禁庭《きんてい》より雨宮へ奉らせ給う新甞の御祭なり。故に早稲米の御祭ともいえり。一年友人伊藤某

この御祭礼に参詣し、勢州《せいしゅう》一身田《いしんでん》にて昼飯の支度せんとて茶店に入る。火がえにて食用の物なしとて断る事四五軒にも及びぬるに。幾ど困られしが、稍《やや》に火がえせざる家ありてこれにて食事を調え、その火がえの仔細を問うに、当十四日に火がえとて平日の火を新たに更め、家内に塩をうちて清浄にし、飯を焚きて甘酒を醸《つく》り、十六日に大神に供じ奉る。尤《もっと》も宮川より向こうへ越せば別して火を正くすること厳重にして、通用の清酒を神に供ずる事をせずとぞ。京師《けいし》は古風のこりし所なれども甘酒を神供《じんく》とすることとなし。浪花の九月祭に甘酒を醸して神に供ずるは全く古風の遺れる所なりと感心せられし。

甘酒を具《そな》えることは、まことに古風の残りであると誌《しる》しているが、まことにそうである。今日も尚その風を存しているのも少なくない。地方の祭礼に甘酒をかもして家庭一同で飲む風は、この古風の存続と見るべきものである。

古代酒を用いたのは祭の時だけで、余他では用いなかった。祭の語源はまつろうの意で神に仕える、随順するの意味である。このまつろうときにだけ酒を飲んだので、以外ではのまぬ。それが、いつでも飲む様になったのは後世の出来事である。しかして酒が、さして強烈なるアルコール分のものでなかったこともわかる。神酒の問題にしても、現今の如きアルコール分も含んだものを神に祭ることは非礼である。古来の例を以ていえば甘酒でよいのである。古式を復古しての祭には甘酒で足りる。それが神意にそう所以でなければならぬ。人為の強いアルコール分を人間が好むから、神に供えるは冒瀆ではないかと思われる。

支那から須々許理《すすこり》が大陸の製法を伝えたのは後世のことであり、段々製法も変じて強いものとなり害毒もあった。古代史の中で酒の失敗ということも決して少なくはないのである。酒神もなかなかに活躍しているが、甘酒が神酒であることは何としても注意してよいのである。

天祖の神勅

豊葦原の千五百秋の瑞穂国は、これ吾子孫の王たるべき地なり。宜しく爾皇孫就いて治せ。行け。

宝祚の隆えまさんこと、天壌と共に窮りなかるべし

万代不易の御神勅を拝してみると、永遠の弥栄には酒ぬきである。甘酒主義であったことを以て裏書きとしたい。

三　聖徳太子の新政と大化改新

聖徳太子の十七憲法を制定せられたるは、日本歴史上の一大革新であり、やがて大化改新となるの先駆を起こしたるものである。太子は深く仏法を信じ、三宝興隆《さんぽうこうりゅう》を念とせられた。蘇我氏、物部氏が政権を掌握して、閥族政治を行った当時はまことに険悪たる世相であり、皇威も衰え、甚だしく乱れたる時代であった。この乱麻を断つべくなされたものが十七条憲法の精神である。

十七憲法の中には、酒の文字はないが、その一々の条目はまことに離酒の政治である。

餮《あじわいのむさぼり》を絶ち、欲《たからのほしみ》を棄て、明《あきらか》に訴訟《うったえ》を弁《わきま》えよ

とは酒食の饗応を絶って、即ち賄賂《わいろ》をうけぬことである。当時は饗応の酒食が如何に力を持っていたかは、「財あるものは、石を水に投ずるが如く、乏しき者の訴えは水を石に投げるが如し」と仰せられているに見てもわかるのである。是非曲直《ぜひきよくちよく》ではなくて一にこれにかかっていたことの矯正改革であった。「和《やわらぎ》を以て貴しとなす」或いは「群卿《まえつきみたち》百寮《つかさつかさ》、礼《いやび》を以て本《もと》とせよ」とあるに見ても、全く酒を離れた政治主義が伺われるのである。

太子の「餐を絶つ」ことは実に貧民に対する一大同情であった。閥族政治で、人民は搾《しぼ》られるだけしぼられていた時であるから、この酒食の饗応を絶つことは大きなる救済法である。賄賂を出すものを勝たしめないということは実に意味の深いことであった。

「四生の終帰《ついのよりどころ》、万国《よろずのくに》の極宗《きわめのむね》」たる三宝に帰依せよとあるにみても、仏教離酒の精神を深く信奉せられたと見ることが出来るのである。宴酔を恣《ほしいまま》にせざらしめたこの風紀振粛《しんしゅく》の意義は、実に偉大なるものがあるのである。

太子の新政を継承して大成したるものは大化の改新である。この初めにあたりて孝徳天皇大化二年三月に禁酒勅令が出されている。

凡《およ》そ、畿内より始め四方の国に及ぶまで、農作の月に当たりては早く営田を努めよ。美物と酒とを喫《く》わしむべからず。宜しく清廉の使者を差して畿内に告ぐべし。その四方諸国の国造等には宜しく善使を択《えら》びて、詔に依り催し勤めしむべし。

（『日本書記』　原漢文）

と仰せられてある。今より一千三百年の昔にこの詔勅を拝するは、まことに勧農の有難き思し召しを思うのである。大化は年号を立て給うた初めである。その大化の改新の劈頭《へきとう》にあたりて、この詔勅を拝するは堅き決意の程がうかがわれる。

四　奈良朝の禁酒令

(1) 四朝天皇の禁酒勅令

我が国が、支那の文物をいれて、飛躍的に発展向上したものは奈良時代である。大和盆地に広大なる寧楽京《ならのみやこ》を造営し、大仏開眼の如き実に空前の大事業であり、その文化は世界文化の粋をいれた所のものであった。従来の素朴的な日本が、世界の大波にゆられた時代であって、その弊害もまた保ったとはいえ、いずれにせよ、日本としては輝かしい一大文化をなしたのである。この所にしばしば禁酒の勅令が出ていることは、注意すべき現象である。禁酒令の発令を見るに

元正天皇の養老六年七月

聖武天皇　天平四年七月
　　　　　天平九年五月
孝謙天皇　天平宝字六年二月
称徳天皇　宝亀元年七月

かく度々発令せられていることは注意すべき事項にして、これら詔勅の中には、天皇の民を憐ませ給う大御心の深きが、うかがわれて畏き極みである。
元正天皇の養老六年七月七日の御詔勅には左の如く宣《のたま》わせられてある。

陰陽錯謬《おんようさくびよう》して、災旱頻《さいかんしき》りに溱れり。これに由って幣《ぬさ》を名山に奉って神祇を奠祭《てんさい》す。甘雨、未だ降らず、黎元《れいげん》、業を失せり、朕が薄徳、此を致せるが、百姓何の罪ありては憔萎《しょうい》甚しき、宜しく天下に大赦し、国郡司をして審《つまびら》かに寃獄《えんごく》を録し、骼《かばね》を掩《おお》い、胔《ししむら》を埋め、酒を禁じ、屠《ほふり》を断め、高年の徒には勤めて存撫を加えしむべし。

（『続日本紀』巻九）

拝するだに忝《かたじ》けなき御詔勅である。天災のしきりにつづくことを以て、天皇には「朕の薄徳これを致せるか」と仰せられている。民をあわれみ給う大御心の程が拝察せられるのである。ここに天下の善政をしいて、この災患より民を救わんとなし給うて、禁酒の一事を断行せられたる大御心は尊いことと申さねばならぬ。

ついで、聖武天皇天平四年七月五日には大旱によって雨降らず、減水して五穀みのらざる為に禁酒令が発令された。

西京四畿内及び二監をして内典《ないてん》の法に依って雨を請わしむ。詔して曰く春より元旱して夏に至るまで雨降らず百川水を減じて、五穀稍《ようや》く稠めり、実に朕が不徳を以て致す所なり、百姓何の罪あってか憔萎することの甚だしきや、空しく京及び諸国をして、天神地祇名山大川に自ら幣帛《へいはく》を致さしむべし。また審かに寃獄を録し、骼を掩い胔を埋め、酒を禁じ屠を断て。高年の徒及び鰥寡《かんか》孤独《こどく》自ら存することと能わざる者に仍《よっ》て賑給《しんごう》を加う、それ天下に赦すべし

（『続日本紀』巻十一　原漢文）

同じく天平九年五月十九日にも発せられてある。

詔して曰く、四月以来、疾旱並に行われて田苗燋萎す、これに由りて山川に祈禱し、神祇を奠祭すれども未だ効験を得ず、今に至るまでなお苦しむ、朕不徳を以て実に茲の災を致せり、思うに寛仁を布いて以て民の患を救わん、宜しく国をして審に寃獄を録し骼を掩い胔を埋め、酒を禁じ屠を断たしむべし

（『続日本紀』巻十二）

と詔らせ給うてある。疾旱流行して民の苦しむを見給うて、大御心を民草の上に注がせられ、朕が不徳を以て実に茲の災を致せりと仰せ給う、有難き極みである。この苦患を救う為に寛仁の政をしき禁酒令を出し給うた大御心は忝けないことである。

ついで、孝謙天皇の天平宝字元年二月二十日にも同じく禁酒勅令が発布せられ

詔して曰く、時に随って制を立つるは国を有つの通規なり、代を議して権を行う

は、昔王の彝訓《いくん》なり、頃者民間宴集して、動《やや》もすれば違い愆《たが》うことあり、或いは同悪相聚《あつま》て濫《みだ》りに聖化を非《そし》り、或いは酔乱節なくして便《すなわ》ち闘争を致す、理に拠てこれを論ずるに甚だ道理に乖《そむ》けり、今より已後《いご》王公已下《いか》、供祭療患を除く以外飲酒することを得ざれ、その朋友寮属、内外の親情、暇景《かけい》に至て相追訪すべき者は、まず官司に申して然る後に集ることを聴《ゆる》せ、如し犯すことあらば五位已上《いじょう》は一年の封銀を停めん、六位已下は見任《げんにん》を解却せん、已外は決杖《けつじょう》八十、冀《こいねがわ》くは将《まさ》に風俗を淳にして能く人の善を成し、礼を未識に習い、乱を未然に防がんことを

（『続日本紀』巻二十）

いわゆる群集宴飲禁制の発令であって、酔乱して口々に聖化をそしり、或いは闘争を事とする、まことに道理にかなわぬことである。ここに禁酒令が発せられ、その罰則は五位以上は一年の封禄を停止、六位以下は見任の解除で外は決杖八十である。淳風美俗の為に、乱を未発に防がんとせられた大御心に外ならぬ。

この年の十一月八幡大神託宣の京に向かわんとするにあたっても途中の諸国に殺生

を禁断し、その従人の供給に酒宍《みきしし》を用いしめず、道路を清浄にして汚穢せしめなかった如きはこの禁酒令の励行とも見るべきである。称徳天皇御崩御の前の勅令にも

宜しく普《あまね》く天下に告げて、辛肉酒《しんにくしゅ》を断ち、各当国の諸寺に於いて読み奉らしむべし

（『続日本紀』巻三十）

と天下安寧の為に禁酒断行を仰せ出されてあるのである。

(2) 讃酒歌と時代相

酒に托して虚無思想を明白に謳《うた》っている太宰大伴卿の讃酒歌の如きは、支那思想の影響を大いに蒙れる所のもので、その憬慕《けいぼ》する所は、竹林の七賢であった。

古のななのかしこき人どもも

ほりするものは酒にしあるらし

といっているのはまさにこれである。

かしこしともの云うよりは酒のみて
　酔い泣きするしまさりたるらし
あなみにくさからしらをすと酒のまぬ
　人をよく見れば猿にかも似る
もたし居てさかしらするは酒のみて
　酔泣きするに猶しかずけり

社会の真面目な生活にも、倫理道徳にもすべて反逆である。酔顔朦朧《すいがんもうろう》たる所、無上の安楽であるとなすに至っては言語道断である。まことに清談《せいだん》の影響ともいうべく、虚無思想を実行にうつし、放縦なる生活にふけった。さればただあるものは現在のみ

であり、来ることも明日も思わずにいるに過ぎぬならわいは

この世にし楽しくあらば来ん世には
虫に鳥にも我はなりなん

これは三世因果を説く仏教思想の笑殺《しょうさつ》である。ただこの世に楽しく暮らしさえすればよいということである。楽しくさえあれば何をしたって、来世に何に生まれようと虫になろうが、鳥になろうが、一向に関せずということである。酒のみが、我が身のことも、我が家のことも、妻子のことも忘れてただ酒さえ飲んでいればよいという顛倒の譫言《うわごと》と同じである。人ことに至っては何をかいわんやである。

生ける人ついにも死ぬるものなれば
この世なる間は楽しくあらな

死ぬる人間であるから、生ける限り歓楽を尽したい、まことに酒飲みの卑怯良なる譫言である。こうした思想の中に断乎として禁酒令が出されて、新日本世界文化を総合した奈朝の混沌期の中に、一服の清涼剤を投ぜられたことは意義が深いのである。

（3）養老伝説の妄談

元正天皇は養老六年に禁酒勅令を下し給うた。この御代における養老の滝の伝説を以て、酒漢の金科玉条の如く古来から云い伝えられているが、これは『古今著聞集』八、及び『十訓抄』巻の六にのせる所で、

昔、元正天皇の御代、美濃国に貧しき賤《しず》の男があって、老いたる父を養うていた。この父は朝夕に酒を愛好するので、この男はなりひさごを腰につけて、酒を買って父に与えていた。

ある時山に入って薪《たきぎ》をとらんとして苔《こけ》深い岩間に水の流れ出るのを見て、なめれば

酒であった。この酒を汲んで父を養った。帝このことを聞召《きこしめ》し、霊亀三年九月行幸あらせられて御覧になり、これ至孝の故なり、天神地祇《てんしんちぎ》の感応のしるしとて美濃守になされ、その酒の出る所を養老の滝といい、同十一年に年号を養老と改められた。

というのが養老孝子の伝説であるが、『続日本紀』によれば、全くの妄誕の虚説なることがわかる。

因みに当耆郡《たぎのこおり》多度山《たどやま》の美泉《うましみず》を覧《み》られ、自ら手面に盥《あら》いし、皮膚《はだえ》滑るが如く、また痛処《いたきところ》を洗うに除愈せざるなし。朕之身に在りてその験《しるし》あり。また就いて飲み、これに浴する者或いは白髪反りて黒く、或いは頽髪更に生ず、或いは闇目は明月の如く、痼疾《やまい》咸《ことごと》く皆平癒す。

昔、聞く、後漢光武の時、醴泉出で、これを飲む者痼疾平愈す。符瑞書曰く、醴泉は美泉、以て老を養うべし。蓋し水の精なり。寔《しん》に惟《こ》れ美泉。即ち大瑞《だいずい》に合《かな》う。朕痛虚と雖《いえど》も、何ぞ天に違わん大いに天下に赦すべし。霊亀三年を改めて養老元

年とす

とあって、孝子が養老にあったわけではなく、符瑞書に見えたるをとって名づけられたものである。伝説は一応もっともであるが、国史を調べずして伝説することはつつしむべきことである。『百家説林続篇』、『ねざめのすさび』一の巻においては、既にこのことについて大いに破しているのである。

(4) 鑑真和上の戒律伝来

奈良時代に於いて、仏教は支那から伝来されて、いよいよ隆盛になったのであるが、未だその戒律の正儀《しょうぎ》は伝えられなかった。この時に戒律宗の祖鑑真和上《がんじんわじょう》の渡来は実に意義深いものであった。

天平十五年入唐僧、栄叡《ようえい》、普照《ふしょう》の二僧は、勅令を奉じて揚州龍興寺の鑑真を訪《みま》うて東遊を懇請した。鑑真は諸弟子にこれを如何にすべきと諮《はか》った所、日本は遠い辺国である。生命も覚束なしというて肯《うけが》うものもなかった。和上は決然として、大法の為には、身命は惜しむ所でないと、弟子と共に東渡の準備をした。その間六度《た》びにして、よく目的を達したのであった。官にその船を取り上げられ、暴風にあい、第五回の難破には遂に潮水、目にいって遂に盲目となってしまったが、なお初一念を貫徹することを止めず、第六回目にして天平勝宝五年に薩摩国に着いたのである。年は六十六才で前後六回、十一年の歳月を東支那海の風波を渡るに尽したのである。今日の飛行機で一飛びにし、汽船で揚子江口に着く安易さと比べれば、今昔の感に堪えぬが、日本国に戒律を伝来して大法を深く伝えようという大精神の熱烈なる道念には頭がさがるのである。

聖武天皇は大いに喜ばせ給い、光明皇后、皇太子以下、東大寺大仏殿前に戒壇を築かせ給うて、皆登壇授戒せられた。戒律伝持の意義は日本仏教史上の重要事項であり、これこそ厳然なる禁酒主義を奉持する一派の存在であり、奈良仏教の清涼剤ともなったものである。

やがて鎌倉期に至って南都の仏教が復興して大活動を始めた所以のものは、この鑑真和上の熱烈なる道念の伝持と、太子仏教の鑽仰と実行とが実行せられて、禁酒運動となって、甚しい発展をとげたるに見ても実にこの鑑真和上《わじよう》の渡来の意義が絶大であると思うのである。政教関係とかく密接であったことから、一面仏教信仰の堕落もあったが、また傑僧《けっそう》のあったことも看過してはならぬのである。

五　平安朝

(1) 平安初期の禁酒令

奈良京から平安遷都へ一大英断を以て断行せられしは桓武天皇である。奈良は形《けい》勝《しょう》の地ではあるが、化を四方に挙げる皇威宣揚には、水陸の交通不便にして帝都として充分でない。更に万代不易の帝都を造り、奈良時代の弊風を一新せんとの大御心であり、諸般の制度を粛正し給うた。この時代に東北の蝦夷《えみし》は坂上田村磨呂の征伐によって遠く皇化は及んだのである。

平安朝の初期は緊張せる時代であり、この時代にはかなり、風俗の粛正が厳令せられ、しばしば禁酒令が発布せられて、宴飲の悪風を矯正せんとつとめられたことは注意すべき事柄である。後になって検非違使庁《けびいし》が設けられて来るのも風紀振粛の為であった。

延暦九年四月十六日には田夫の魚酒を喫する禁制が出されている。

応に田夫の魚酒を喫するを禁制すべき事

右、右大臣に宣せらる。勅を奉じて凡そ魚酒を制するの状……聞くが如くんば、頃者《けいしや》、畿内国司、格旨に遵《したが》わず、曽《か》つて禁制なし、茲によって毀富《きふ》の人多く魚酒を畜《たくわ》え、既に産業の就《な》り易きを楽しむ。貧窮の輩は僅《わずか》に蔬食《そしよく》を弁じ、遠く播殖《はしよく》の成り難きを憂う。これを以て貧富共競いて己が家資《かし》を竭《つ》くす。彼の田夫の喫する、百姓の弊、斯より甚だしきはなし。事に於いて商量深く道理に乖《そむ》く。宜しく所由《しよゆう》の長官を仰いで厳に捉搦《そくじやく》を加え、専ら当人等親しく郷邑《きようゆう》に臨んで仔細に検察すべし。

もし違犯有る者は蔭贖《おんしよく》を論ぜず、犯に随い決罰《けつばつ》となせ。永く恒例となし阿容《あよう》を得ざれ。（原漢文）

（『続日本紀』第二十一巻　一〇二九―一〇三〇）

と田夫百姓の魚酒を厳禁して、その奢侈《しゃし》に流れるを制してある。更に延暦十一年七月二十七日には両京の喪儀《そうぎ》僭奢《せんしゃ》を禁じて、真面目なる送葬礼をなすべきを令してある。

右、右大臣に宣せられる。勅を奉じて送終の礼、必ず省略に従え、聞くが如くんば豪富の室、市廓の人、なお奢靡《しゃび》を競い、典法に遵わず、遂に敢て妄《みだ》りに隊佐を施し、仮に幡鐘を設く。諸の此の如きの類勝げて言うべからず。貴賤既に等差無し。資財空しく損耗をなす。既に□の後、酣酔《かんすい》して帰る。唯だに風教を虧損《きそん》するのみにあらず、実にまた公私を深く蠹《と》す。宜しく所司をして厳に捉搦《そくじゃく》を加えしめ、今より以後、更に然らしむるなかるべし。それ官司相知る故、縦《ほしいまま》にある者は、犯す所の人と並に違勅の罪に科す。仍て所在条坊及要路に於いて、明らかに牓示《ほうじ》を加えよ。

（『日本逸史』第一）

と送葬の厳粛味をかいて、後で酒を飲んで酣酔して帰る無状に対する禁制である。人死して悲しむ時に酒を用いる事は、まことに、死者に対する追悼哀惜の情味を全く缺《か》くことで、慎まざるの甚しきものである。

更に延暦十七年十月四日には、両京畿内の夜祭歌舞が禁制せられている。

右、右大臣（神王《みわおう》）に宣せらる。夜祭、会飲、先に已《すで》に禁断。所司寛容、捉搦《そくじゃく》を加えず。遂に乃ち盛に酒饌《しゅせん》を供し、互に酔乱を事とす。男女別ちなく、上下序を失うて、闘事間々起こり、淫奔相追うあるに至る。法に違い俗を敗る、茲より甚だしきはなし。今より以後は厳に禁断を加え、祭は必ず昼日昏に及ぶを得ざれ。如し猶悛《あらた》めずんば、更に違犯あり、客主尊卑を論ぜず、同じく違勅の罪に科す。但し五位以上は名を録し、奏聞その隣保に告げざるもまた同罪、事勅語に係る、違犯を得ざれ。

（『日本逸史』第七）

夜祭会飲は風紀を乱すに於いて最も甚だしくなり易いのである。酒を飲んで乱れ、男女の別ちなくなり、上下の区別もつかないとすれば、全く風紀は乱れるのである。祭を昼に改められたことは、この祭の弊風を改善するに大いに意義あることで、これに違犯する者に対する厳罰が違勅として扱われているのはまことに見るべきことである。祭礼の浄化という事は一大革正である。当時筑波山の祭礼の如く、神の名によりて自妻と他妻を、とりかえてあやしまない不倫の風ありし時に、この厳令は意味が深い。弘仁二年五月二十一日には農人魚酒を喫することの禁制、国司の令達《れいたつ》が寛容にして行われずにあるを以て更に強化厳達されてある。（『類聚国史』七十九巻）

仏会もまた祭礼と同様に、男女混雑して不謹慎なる行事であった。

法令の敬虔なることを詔されたものは弘仁三年四月の詔である。

清和天皇の貞観八年正月二十三日には焼尾《しょうび》、荒鎮《こうちん》、及び人に強請して酒食を求め、臨時の群飲することを禁制せられた禁酒令が出た。

焼尾とは初めて官について天子に献食することをいい、盛んに酒宴を行うて、酒酔《しゅすい》沈湎《ちんめん》するを荒鎮といった。当時の弊風であり、仕官もまことに容易からぬ難事とはなった。次の太政官符によってみるとその如何が推し量られる。

一、諸司諸院、諸家所々の人、焼尾荒鎮、また人に責いて飲を求め、及び臨時の群飲を禁制の事

前略

諸司諸院諸家所々の人、新に官職を拝し、初め進仕《しんし》に就くの時、一に荒鎮と号し、一に焼尾と称す。これよりほか人を責めて飲を求む。臨時群飲等の類、積習して常となる。酔乱度なく、主人毎に賊を竭《つ》くすの憂あり。賓客曾て身を利するの実なし。もし期約相違せば、終に陵轢《りょうれき》に至る。営設具らずんば定んで罵辱《ばじょく》をなす。啻《ただ》に争論の萌芽に非ず、誠に闘乱の淵源をなす。望んで請う、勅文に準拠し厳に禁止を加えよ、

右大臣宣す、勅を奉じて請に依る。但し集る者を聴《ゆるす》すと雖も、十人を過ぐべからず。また酒を飲んで過差し闘争に至ることを得ざれ。もし違う者あらば親王以下、五位以上並に食封位禄を奪う。外よりは前格の如し。もし容隠乱さざれば同じくこの科に処す。但し聴すべきの色は具《つぶさ》に別式にありという。

と初めに天平宝字二年の勅書を掲げて、その禁酒令を示し、時代の弊風、焼尾荒鎮の憂うべき傾向に注意し、かかる群飲を絶対に禁止してある。これを犯すものは、親王以下五位以上は食封位禄を削奪されるのである。同じく、「諸家並に諸人祓除神宴の日、諸衛府舎人及び放縦の輩、酒食を求め被物を責むるを禁事」として次の勅が出されている。

諸家諸人、六月十一日に至り、必ず祓除神宴《ふつじょしんえん》の事あり、絃歌酔舞《げんかすいぶ》し、神霊を悦ばしめんと欲す、而して諸衛府舎人並に放縦の輩は、主の招きに縁《よ》らず、好みて賓位に備わり、幕を侵して争い入りて、門を突き自ら臻《いた》る。初来の時は酒食を愛するに似たり。帰却とするに臨みては更に被物《かづけもの》を責う。その求めを給せずんば、忿《いかり》詰《うつたえ》罵《ののしり》辱《はずかしめ》し、或いはまた神言に託《かこつ》けて、咀《のろ》いて主人を恐喝す。これの如きの濫悪、年を逐うて惟《こ》れ新なり。彼の意況を推するに群盗に異ならず。豪貴の家すらなお相憚るなし。何に況《いわ》んや、勢なく告ぐる無きの輩をや。これにして糺《ただ》さざれば何ぞ国憲と云わん。望むらくは請う、厳に所司に仰せ、一切禁遏《きんあつ》の者なり。

（『三代宝録』第十二）

とある。まことに無慚無愧《むざんむぎ》の悪社会相である。酒食によって乱れた祭礼は困りものである。当時の社会を如何に害毒したか、この勅令の文面にて察せられる。

醍醐天皇の昌泰三年四月二十五日にも群飲禁制の勅令が出されてある。

右群飲の制、その来るや尚し。天平宝字二年より寛平五年に至る数度相重り、炯誡分明なり。焼尾荒鎮及び近衛官人祭使の饗等、また科条を立つ。皆な禁止に随う。而今《じこん》違犯の輩、流弊風を成す厳霜《げんそう》の粛すべきを知らず、還って薄氷の既に危きを忘る。遂に責求休まず浮競弥ま倍す。一官を拝する者は自ら生計の難となす。一祭を奉ずる者は永らく宿負の累を招く。また群宴の禁は唯快酔に非ず。名を生隠に仮り、誡しむるに褁銭を以てす。楽舞の狂を寄せ、要しては被物にあり。単貧の士は相叶うに力なし。視ること仇讎《きゅうしゅう》の如し。交わり胡越《こえつ》となり、如以のみならず饗饌《きょうせん》用うる所、際涯限らず。盤中の盛り高数寸に過ぐ。俎上《そじょう》の設、豊かなること方丈に盈《み》つ。然して杯酌《はいしゃく》雨の如し。箸を下す意なし。淵酔《えんすい》の後、徒に以てこれを棄つ。此の如き費へ何ぞ主客を益せん。斯れ迺《すなわ》ち法官緩かにして糺《ただ》さず、人俗習畏れなきの致す所なり。
右大臣宣す、勅を奉じて宜しく重ねて改張し、その奔放を懲《こ》らすべし。但し祭使至る者はこれ神事に在り。専らこれを禁ずるは人情、楽しまず黙して、これに従う奢淫《しゃいん》、尤も甚だし。今須らく酒食の備え総々倹約に従え。装束給禄は別に式例《しきれい》を立つ。自外陪従官人の装束、及び例宿所途中臨時の禄、家に帰るの夕、纏頭《てんとう》等の類、今より以後一切禁断せよ。もし犯すある者は主人見任《げんにん》を解任し、それ官なきものは本所を追放し、永く叙用《じょよう》せず。賓客貫首《ひんかくかんじゅ》に至る者は見任《げんにん》を解却し、本所を追放す。有司《ゆうし》見知りて容隠《ようおん》糺さざるもまた同罪。但し諸衛長官、参議已上帯ぶる者を解し、もし宝士卒に勤むべき者は特に時に臨みて饗禄を賜うを聴《ゆる》す。

以て時代相の如何が推重されるのである。世は聖代と誇っているが、この飲酒の弊風はまことに社会を害毒したことであろう。既に淵酔という言葉のある如くに、酒に沈倫して痴呆の限りを尽したことが目に見える如く記してある。アルコール中毒にかかっては道徳もなければ何もない、酔ってさえいれば天下泰平である。淵酔は毎年十一月、宮中にて丑の日に賜る酒宴であるが、初めは三献の行儀正しきも、後には酔いしれて乱舞し、無状をきわめたものである。

藤原氏政権を擅《ほしいまま》にするに至っては、酒池肉林の酔乳境を現出し、日夜絃歌乱舞して、日夜に享楽を追い、嗜酒《ししゅ》に沈溺して痴呆の限りを尽した。殿上人の生活には儒教の道徳律も仏教の五戒も忘れられて、その日々の行為を道徳的に律して行こうという意志も、善悪邪正を批判して行く倫理生活も地を掃《はら》ったのであった。その生活は真面目にやろうとすれば「かたくな」と斥けられ、刹那の享楽に終始したのである。見よ当時の人々が如何に気力なきか、宮人が桜かざして酔いどれて醒めての後は全く苦しい神経衰弱的症状ではないか。物の怪、方違え、迷信はただ情の動くままに横行し、天台、真言の深遠な教理は祈禱仏教として僅かに形式であり、やがては歓楽極まって哀情多し。ただ他力のみはけ口を神仏に託してしまった。精神的独往性のない無気力さであった。この時代には酒を禁ずるの条令などは発布すらなく、酒禁など全く見るべきもない時代であった。

(2) 賜酒の主旨

賜酒の例は多く平安朝時代に定まったものであるが、決して酔う程に飲むものではなかったことは注目すべきである。『酒史新編』によりてみるに

元旦、酒を群臣に賜う。一献、国栖の歌笛を奏す。二献、御酒勅使の儀あり。三献、立楽二曲を奏す。

七日、白馬《あおうま》の節会《せちえ》。

十六日、踏歌《とうか》の節会《せちえ》、皆賜酒。

十一月、新嘗祭前日賜酒三献にして畢《おわり》て起ちて舞う。これを淵酔《えんすい》と謂う。祭の明日黒白の二酒を賜う。これを豊明《とよあかり》の節会《せちえ》という。

正月二十日、酒を文人に賜う。これを内宴《ないえん》という。

上巳《じょうし》、曲水《きょくすい》の宴を設く。

端午《たんご》、酒及び薬玉《くすだま》を賜う。

七夕《たなばた》、乞巧《きっこう》の奠《てん》あり。

重陽《ちょうよう》、菊酒を賜う。


四月十日の二朔、酒を賜う、これを二孟旬《にもうのしゅん》という。

天子位に即き始めて朝に臨む時また酒を賜う。これを万機旬《ばんきのしゅん》と謂う。

内裏始めて成れば宴を南殿に賜う。これを新所間という。

天子書を読み、卒業の時また酒を賜う。これを意宴という。

蓮華の宴は光仁帝宝亀六年に始まる。

花の宴は嵯峨帝弘仁三年に始まる。

芳宜華宴は仁明帝承和元年に始まる。

後世残菊の宴は十月五日を以てす。

これその大略なり。酒を賜うは元日に始まり、而して三献を以て度となし、その酒を戒しむる。これの如し。

とある。賜酒は礼式で酔乱せしむるものでない。飲酒の礼もまた、長幼の礼を正す為で、酔乱の為ではない。しかしいずれも誤られて酔乱度なしたるは、酒の本性を考えざるが故である。或る人の言葉に、上流に贅沢なる料理の発達する時は、悪い政治が行われ、民の衰える時であると喝破したのは、この史実が物語るではないか。

(3) 伝教、弘法両大師の禁酒

奈良仏教が、市井の仏教として政教関係をかもして堕落した時に、敢然として新仏教を唱導し、桓武天皇の平安遷都と共に、新仏教として登場したものは、日本天台宗祖・伝教と真言宗祖・弘法の両大師である。

伝教大師は印度・支那・日本三国仏教を通じて未だなき大乗戒壇の建立者であるは有名なることである。比叡山を結界の地となし、女人を入れることを禁制し、学生式を制定して一期の籠山十二年という厳規を制定して、純一なる修行に終始せしめ、そこに大乗僧を養成せんと発願したのであった。叡山の大乗戒は円頓戒《えんどんかい》というが、これは『梵網経《ぼんもうきょう》』の十重禁戒、四十八軽戒を内容としているもので、絶対無酒の道場を立てたのである。大師入滅に臨んで後徒の門人の為に示された遺戒には、

我が同法飲酒することを得ざれ。もし此に違わば我が同法に非ず。また仏弟子に非ず。早速に擯出《ひんしゅつ》して、山家の界地を践《ふ》ましむることを得ざれ。もし合薬の為にも、山境に入ること莫《なか》れ。

とはまことに徹底せる無酒道場の宣言である。飲酒を侵すものは我が門徒に非ずとは、まことに仏教者としてあるべき当然のものである。而し合薬の名をかりて、飲酒をする者のあらんことを恐れて、これをも禁制せられたのは、まことに遠き慮《おもんぱかり》といわねばならぬ。

伝教大師には弘仁九年八月二十七日八条式を制定して、その中にも酒のことに及ばれたる。

凡そ此の天台の宗院は……盗賊、酒、女等を禁ぜしめ、仏法守護、国家に住持せしむ。

この後には

以前の八条式は仏法を住持し、国家を利益し、群生を接引し、後生追善の為に謹しみて天裁を請い奉る。

とある。その純一なる道念と高邁なる理想とが見えているではないか。

慈覚大師円仁《えんにん》も承和三年に首稜厳院式を作って宗祖大師の遺法を高調している。

一、先師の遺誡により山門の内、女人を入ることを得ざれ。

一、凡そ院内一衆、童子に至るまで飲酒することを得ざれ。もし酒を飲む者は僧に交るを得ず。

とある。まことに厳重である。飲酒する者には僧侶の仲間入りが出来ぬという厳訓である。仏教禁酒の精神がまことに高調せられてあるを見るのである。

天長元年五月二十三日の仁忠《にんちゅう》・義真《ぎしん》・円澄《えんちょう》の延暦寺禁制式にも嗜酒のことを弾呵《だんか》し、更に天永元年二月十三日の延暦寺起承六箇条の事にも禁誡している。その一項をあぐれば

一、供養の間、酒盃及び数巡を停止すべき事、右五戒の中、飲酒尤も重し……飲酒酔乱は令条《れいじょう》の禁ずる所、律議の制する所なり。誡《いま》しめ内外に在り。誰か率由《そつゆう》せざる。

これは学生に示したのであろうが、既に山法は乱れかけ、僧兵なるものが起こったのもこの頃であり、これは大した効果はなかったのであろう。「山霧は人に毒である、飲酒によって消ずる」。中堂禁酒は酔うを禁ずるのである、という風に勝手な口実からこの無酒道場は乱れに乱れてしまったのである。

弘法大師もその遺告の中に、「僧房の内にして酒を飲むべからざる縁起」をといて、真言秘密門徒に禁制せられてある。

「それ以みれば、酒はこれ病を治するの珍、風を除くの宝なり。然れども仏家に於いては過となすものなり」これを以て、『長阿含経《じようあごんきよう》』に曰く「飲酒に六種の過あり」等云々。また『梵網経』の所説甚深なり。何に況んや秘密の門徒、酒を受用すべけんや。これに依りて制する所なり。但し青龍寺の大師と共に、御相弟子の内供奉十禅師《ないぐぶじゆうぜんじ》・順暁阿闍梨《じゆんぎようあじやり》と共に語らい擬して曰く。

「大乗開文の法に依らば、治病の人には塩酒を許す。これに依ってまた円座の次に平を呼んで数々用うることを得ず。もし必要あらば、外より瓶にあらざる器に入れて来て、茶に副えて秘かに用いよ」云々。

とある。秘密門徒の酒の禁制をとき、療病の為には塩酒を許すが、治療を口実に数々用うるうとは許さぬ。療病の為にも秘かに茶にそえて雑《まじ》えて飲めよ。大びらにやることは他人の為にもよくないことであるとの懇切なる遺誡である。大師の戒律は、仲々厳重にして、顕密の二戒堅固に受持して清浄にして犯さざれとある。

しかし後にはやはりこの精神もまた忘れられて。比叡山が酒を飲んだと同様に、高野山にもまた酒が入ったのである。女人禁制といい、肉食禁忌といい、二つが堅く守られながら、酒か何故に仏教精神とならなかったということは、考えねばならぬ問題である。この関係を弱からしめたものは神仏習合思想による神酒を供えることに近づきて、酒を考えなくなったことと、一方末法澆季《ぎようき》という、捨鉢気分がそうなさしめたものと思われる。

六　鎌倉時代

(1) 武士と酒

鎌倉時代は大化改新以の新制度に則る時代であった。従来公卿の手にあった政権が、武家の手に移り、優婉《ゆうえん》華麗《かれい》、繁文縟礼《はんぶんじょくれい》の複雑多様の平安朝気分を一掃し、簡素質実を旨とし単純化をはかったのは源頼朝であった。頼朝は京都を避けて鎌倉に中心を定め、新たに幕府を創立した。藤原氏、平氏興亡の後に注意し、簡素剛健廉恥厳粛なる鎌倉の武家主義を立てた。

平家の一族が亡んだことは大なる事件であった。多数の流浪者を出し、東海道の駅々には白拍子等の遊女が出没して、鎌倉をおびやかした。新興階級として登場した武家を根底から蝕ばむものは酒と女であった。酒と女から離れしめずばこれを安きに置くことは出来ぬのである。水の低きにつくが如く、戦乱漸《ようや》くおさまって太平を楽しむに至っては酒色の毒は最も恐れねばならぬ。

建久六年源頼朝は上洛のついで天王寺に詣でた時、地頭は大いに歓迎して饗宴を設けて、大いに労を慰めんと請うたが頼朝はこれを許さなかった。

我は仏法値遇《ぶつぽうちぐ》の為に霊場に参詣す。人の費をなすことはこれ仏意にあらず

この深い思慮は、さすがに頼朝であった。ともすれば饗宴に耽った平安朝的考え方とは全然かわっている。仏教に対する見解もまた、真実の仏意を把握している。自ら身を奉ずることすこぶる倹素にして、範を示して下に臨んだのであった。嘗て一侍臣の元服の華美なることを誡しめて、

汝千葉常胤《ちばつねたね》、土肥実平《どいさねひら》の自ら奉ずるを見ざるか、彼その志多く兵卒を養い、国家

の為に功を建つるに在り。汝輩の小臣にして敢て斯の如きは過分なりといって、刀をとってその衣をズタズタに斬ってとったという。群飲佚遊《ぐんいんいつゆう》にうつつをぬかしてはこの創業は出来ぬのである。頼朝の子孫は手腕力量に於いて遥に劣ったが故に、源家三代はあえなくも滅んだが、頼朝のこの質実剛健の風は北条執権の中に生きて、我が国未曾有の民政家を打ち出して、鎌倉武士の基礎は固く確立せられたのであった。北条泰時《やすとき》、時頼《ときより》、時宗《ときむね》三代の執権は相ついで出で、頼朝の精神を継承して行った。特に酒と女とに注意し、禁酒の実行から誇るべき業績を留めている。浮華軽佻《ふかけいちょう》、奢侈の京都公卿の生活を鎌倉に移入せんことを恐れたのである。すべては新しい京都と鎌倉とが地勢に見るも、伝統に見るも相違せる如く、ここに一変せる制度文物、風俗宗教を出し、新しい緊張の時代を現出したのであった。平安と鎌倉、それは桜かざして宴にのびのびした大宮人と、寒梅の下に深き味を偲ぶ鎌倉武士との比較にも似ているか。

元寇は開闢以来の一大国難であった。全世界を風靡《ふうび》し席捲《けっけん》せる元の余威を以て、我が国に襲来したのである。幸なるかな、内に鎌倉武士の尚武剛健の鍛錬あり、北条善政の結果する所財政の豊富、備荒《びこう》にその実力を存したことは何たる天祐ぞ、緊張せる国民の一致団結はよくこの難局に直面して驚く所がなかったのである。

酒を止めて家国興盛し、宴盛にして家国哀亡す。北条氏の前後始終はまことにこのことを物語っている。酒魔の防備に心を用いた所に鎌倉は栄えて、この新興階級は勃興したのであった。

(2) 北条泰時

源実朝が鶴岡八幡宮公孫樹《こうそんじゅ》の下で弑《しい》せられ、源家は三代にして滅亡したのであったが、天下に動乱なくしてすんだのは北条泰時善政の致す所である。

泰時については明恵《みょうえ》上人との関係を見ることが大切である。泰時善政のうちには明恵上人の訓誡があずかって力あった。「あるべきようは」の訓誡は治国の秘要である。

国を治むるはなお病を治むるが如し。その因を究めずして、薬《くす》りすれば、徒《いたず》らに病を益すのみ。

治乱の因は人の欲に在り。公尚し欲を絶ち、以てこれを卒れば治幾すべし。

とは明恵上人が泰時に言った言葉である。私欲を断って専心天下の治政に励んだのである。

泰時は曾つて和田義盛《わだよしもり》と戦って——飲酒油断大敵である——急に襲撃をうけて、甲冑をつけて戦ったが、実に酒酔の為に苦しい思いをして充分の働きが出来なかった。武士たるもの戦いの場に於いて酒の害悪をひしひしと痛感し禁酒を誓った。戦い疲れて渇きを覚え、水を求めた所、部下の葛西六郎が差し出して酒を飲んだ。渇きの為とはいえ浅ましい心根を深く慚ず、禁酒の出来難きことに思いをはせて念じ堅く決心したと伝えられている。(『酒史新編』下)

泰時の政治がどんなものであったかは、明恵上人伝にこれを明らかにしている。禁酒にして戒律厳守の一世の師表、明恵上人と泰時との関係、二人の善き道交の程が偲ばれる。

家中に毎年倹約を行って、畳を始めとして、一切のかえ物共をも、古き物を用い、衣裳の類も新きをば著せず、烏帽子の破れたるをだにも、つくろい償がせてぞ着給いける。夜は灯なく、昼は一食を止めて、酒宴遊覧の儀なくして、その費を補い給けり。心ある者、見聞の類、涙を落さずと云う事なし。……天下日に随って治まり、諸国も年を逐って穏かなり。孝の宜しきを見るは繁く、訴えの曲れるを聞くは少なし。これ一筋に上人の恩言に依れりとて、涙をば拭《ぬぐ》い給いける。

その治績の程がよくわかるのである。酒宴遊覧を止めて、ひたすら範を示したことはやがてよき民政の成績を挙げ得たのであった。天下のよく治ったということ、善行美俗が風をなしたということ、禁酒政治のあらわれといわねばならぬ。武家法典の基礎たる貞永式目五十箇条の制定は実にこの時であり、北条氏の基礎はいよいよ鞏固《きようこ》を加えたのであった。

(3) 北条時頼、時宗

泰時の死後、その政綱《せいこう》の弛緩せんとした時、時頼出て、その遺法を継承して、乃父《だいふ》の遺業を失墜せしめず、これを後の時宗に譲りて、元寇撃破の大業を完遂せしめたのは、その積徳の然らしめし所である。

『徒然草』は時頼が、大仏宣時《おさらぎのぶとき》を深夜に呼んで、紙燭を照らして戸棚より味噌を探し出し、酒の肴にして飲んだということを書いているが、これは倹素の例証とせん為であろうが、いわゆる驕《おご》らざる有様にして酒を好んだというわけではない。母松下禅尼は婦徳を以て聞こえ、障子の切り張りをして庭訓《ていきん》したことは有名な話である。また青砥藤綱《あおとふじつな》の清廉潔白なる人材を登用して、善政を行った。時頼の治績中、特筆すべきものは建長四年九月三十日の沽酒《こしゅ》禁止令である。『吾妻鏡』に記せる所を見るに鎌倉中所々、沽酒を禁制すべきの由、保々の奉行人等に仰せらる。仍《よ》って鎌倉中所々の民家に於いて注する所の酒壷三万七千二百七十四口
また諸国市酒、全分停止すべきの由

とある。平安朝以来、久しくなかった酒の禁制である。これは沽酒の禁制であり、やがて全国市酒に及ぼして停止を命じたことは最も注目すべき事柄である。更に十月十六日には

沽酒禁制、殊にその沙汰あり。悉く壺を破却せられ、而して一座一壺これを宥さる。
但し他事に用うべし。造酒の儀あるべからず。もし違犯の事あらば、罪科に処せらるべきの由、固くこれを定め下さる。

これは実に厳重なる沽酒造酒の禁制で、酒壺を破却し去った所に、壺割り断行の一大

決意が思われる。一座一壺を残すことを許したのは、他用の為に残したのである。徹底せる禁酒の励行であり、今を去る六百八十九年前に、この挙に出でたことは日本禁酒史上の一大盛事である。五穀の収穫減少にもよるであろうが、要は酒酔の迷夢から醒まさんと士気振粛の為の慮であった。これは国家の財政経済保健の上にも甚だ有効であったのである。時頼のこれを決行した一大決断は特筆大書せねばならぬ。然るに『東鑑集要』はこれについて

将軍家は幼稚なれば、これ全く相州（時頼）の計いなるべし。按ずるに此のこと聊《いささ》か不審、儒・仏共に乱酔をいましむるは常の事なり。天下の酒を尽すを善政とはすべからず。それ飲む人の乱るるは酒なり、一度は醒むべし。飲まざる人の乱るるは何ぞや。一生醒むる期なし。されば飲む人の狂は軽く、飲まざる人の狂は重し。もし人君道ありて、身を修め、教を施さざ、国家は自ら化すべし、禁酒にはよるまじきにや

といっているが、これはこれ酒飲の世迷言である。「飲む人の狂は軽く、飲まざる人の狂は重し」。他人のことは棚に上げて、酔酒顛倒、妄想の謬見を自己弁護しようとしている。時頼執権としての一大英断に出でたことは、まことに見るべき一代の業績である。

この質実剛健の士気と倹約質素とによって蓄積せられた財政の豊富は、元寇の国難に泰然とあたることが出来、防戦よく我が国威を発揮し得たのであった。後宇多天皇の弘安七年六月三日に執権北条時宗は再び沽酒禁制を令して

沽酒の事禁制なり。この旨を守り国中に相触れらるべし。もし連犯する者は注申せしむべきの条、仰せに依って執達如件《しったつくだんのごとし》

とある。これによって戦後の充実に備えたのであろう。いずれにせよ、文永・弘安の両役には莫大の費用を要して、直接に財政困難を来たし、この役の論功行賞はやがて北条氏滅亡の因をなした。これは外敵を撃退しただけで、尺寸の土地を得たわけでな

い。平家滅亡が承久の乱後の恩賞と異なる所はここにあるのである。鎮西の武士、諸国の寺社等、夥《おびただ》しい恩賞は北条氏としては容易からぬ負担であった。なお元寇襲来はこれにこりて再三の襲来を断念したわけではない。この内憂外患の非常時局に再び沽酒を禁制した意義は深いものがある。

この国難後、恩賞論功の問題は日をついで激甚となり、北条氏の屋台骨はゆすぶられた。この難局を荷負して歴代先考のなした如き民政の治者があらわれず、暗愚、民治を忘れ、酒宴遊興に耽り、奢侈に流れてしまった。貞時・高時は実にこの時に執権となったものである。天誅たちまち至って北条氏はもろくも亡んだのである。

（4）北条政連の諫草

北条貞時は時宗薨《こうご》後ついで執権となったものである。暗愚にして元寇国難後の時局を担当するに足る人材ではなかった。徳治三年北条政連《まさつら》が長崎甚左衛門《じんざえもん》に依りて、貞時を諫めたる五条の諫草《いさめぐさ》はまことに傾く北条氏の衰運を慨歎《がいたん》し、時勢適切、目に見える様である。

条々

一、行政術を興さるべき事

一、早く連日の酒宴を相止め、暇景歓遊を催さるべき事

一、禅侶屈請《ぜんりよくつしよう》を省略せらるべき事

一、固く過美を止めらるべき事

一、勝長寿院を造営せらるべき事

五箇条の文書を以て懇切至情を尽して諫《いさ》めているのである。第二条酒宴相止むべきの条を引用して見よう。

右謙退の後、徒然の間、且つは永日を鎖し、且つは延年の為に盃酌の条、阿誰《あにたれ》有らんやの由、存ぜしめ給うの処、人々勧誘去り難し。連々経営相続ぐ、大略毎日なお隔日少なきか、仍って諸国の奏事これを聞く。不可是れ一。

礼記の一に曰く、楽しみは極むべからず。酒は忘憂の名を得、来楽の徳あり。甚だしく度を過す者は楽を極むべき者なり。君子治世を以て安楽となす。何ぞ酒宴の歓楽を恣にせんや。世の安楽を緩くすべき。不可是れ二。

これを以て御高祖武州禅門は、建保以後一生を限りて沈酔せず、六旬に満ちて休居なし。極楽寺禅門は終日公務に携わりて晩陰《ばんいん》予宴を催し、彼の賢蹤を以て相逐わるべきか。是れ三。

なかんずく、飲酒は諸仏の誡しむる所。先聖の禁ずる所なり。御遁俗の身、観法の要、如来の金言、賢主の素懐か、密法次第を歴灌頂に至り、宗門坐禅を積みて見性に及ぶ。連日酩酊に及ぶ何ぞ修習あらんか。是れ四。

況んや群飲の積りは発病の基なり。歓楽の極は短祚の最なり。宜しく長日の宴を罷め、避年の算を保たしむべし。是れ五。

しかのみならず、酒魔罷まされば天魔競うべし。是れ六。

随って沽酒止めらる事、禁制叶わざるか。上下群飲を好むを以て内外依って相構え難し。制に背きこれを買い、法を犯しこれを売る。令出でて行われず。法置いて能く禁ずるなし。此難治に依りて終に免許せられ了《おわ》んぬ。是れ七。そも言行両箇、皆規矩に叶う。成敗千端、悉く理致に任す。御酒宴の一事、法に違うか。万徳は微に失すというべきか。はたまた一旦の妄縁に因るか。爰に酒肴を召さざる者は面目を失うべきもの由之を申し、座席に候わざる者は気色に違わしむの旨これを称す。或いは勝負の事を云い、或いは等巡の役をいい、あたかも用捨し難し。皆共に召し加えらる。いずれの時か休時あるべき、尽くる期、その期無きが如し。於戯《ああ》、酒魔の侵す所の難は眼にあり。詩人賦する所の詞、肝に銘じ、早く本自の賢意に任《ま》かせ、固く不慮の群宴を止めよ。是れ八。

但し酒は聖賢の号あり。賓主の和あり。酔わず荒まされば、気を増し精を増す、須らく大飲を罷めて早に長生を得せしむべし。是れ九。（—原漢文—）

（『日本教育文庫家訓篇附録』五七六）

以上の九箇条目を挙げて酒の不可を述べ、懇切を極めている。実に悃徹《こんてつ》の文字である。先君武州禅門、極楽寺禅門の酒を慎しみし賢明のあとをのべ、沽酒禁制の布令のみにて、一向に実行せずは、法はあってなきが如くである。更に入道遁俗の法体には、仏教として酒は禁戒なることを述べ、酒魔やまざれば、天魔競いおこらんとはまことにその通りである。この文面を通して当時の世相、貞時の有様がわかる様である。

元寇の後は財政困難を来たし、将士寺社の恩賞問題は激甚になって来ている。挙国一致の国難から勤皇の思想は澎湃《ほうはい》として国の中にみなぎって、北条氏の運命は正に風の前の灯に同じである。この時に思を深くひそめ自粛自戒の反省すらなく、酔乱に日を送って、酒宴これ事とするの暗愚をくりかえした。高時もまた貞時におとらぬ行状であった。人心は北条氏を去り、自然に滅亡を将来したのであった。酒によって北条九代の歴史の鑑は、興亡の後を最も明らかにしてくれる。「酒魔やまざれば天魔競い立つ」と、政連の予言は全く適中したのであった。まざまざと見せつけられる思いがする。

(5) 南都仏教の禁酒運動

鎌倉幕府創立によって、新しい武家時代が出現したと共に、宗教もまた平安朝のそれではみたされなくなって、ここに新時代的なる要素を以て新しい活動を始めて来た。形式的にして複雑なる貴族仏教より、精神的にして直接簡明なる庶民仏教へと推移して来た。この時代を代表するものは、一は復古思想による南都の戒律仏教の復興と、新しい伝来をもつ禅宗と、浄土日蓮等の新仏教であった。この時勢相の中に絶大の活動をなしとげたものは南都戒律仏教が、聖徳太子の偉業を追憶して今まで籠山的であった殿堂から飛び出して、めざましい社会事業、伝道に従事したことである。この代表として、高尾の明恵上人、西大寺の叡尊《えいそん》、極楽寺の忍性《にんしょう》菩薩、笠置《かさぎ》の解脱上人はまことに戒行綿密、徳行を以て、ここに末法思想の悲観的思潮の中に、敢然無戒気分を排して立ち上った。大乗実教《じっきょう》は時の推移ではない。法は人によって興亡するという堅い信念の下に、時代がどうあろうが、仏戒厳守する所、仏祖の恵命は相続せられるとして、正像末《しょうぞうまつ》を問題とせず、敢然立って自ら浄仏国土顕現に向かって突進したのであった。

（イ）明恵上人

明恵上人は高弁《こうべん》といい、栂尾《とがのお》に高山寺《こうさんじ》を開き、華厳宗中興の祖である。高倉皇后・建礼門院をはじめ北条執権泰時の帰仰を受けた。学解よりも実修行を重んじて、持戒すこぶる厳重なるものであった。印度仏跡参拝を発願して、釈尊の正法を思慕したことは有名な話である。まことに一代の聖者として仰ぐべきものがあった。酒については断乎仏戒を厳守していた。「あるべきようは」の教訓はまことに遺訓として有名なるものである。

人は「阿留辺幾夜宇和《あるべきようは》」と云う七文字を持つべきなり。僧は僧のあるべき様、俗は俗のあるべき様なり。乃至、帝王は帝王のあるべき様、臣下は臣下のあるべき様なり、此あるべき様を背く故に、一切悪きなり。我は後をたすからんと云う者に非ず。ただ現世に先あるべきようにあらんと云う者なり。

（『遺訓抄』）

徒らに未来を問題としているのではない。現在の事が大切である。「あるべきようは」とは、所謂現世に、らしくあることである。これを誤るが故に間違いを起こし易いのである。上人の一生はこれでつくされている。僧として酒禁を破ることは「あるべきようは」ではない。されば上人が栂尾にあって、久しく冷病で、不快の時に医博士和気の某が診断して、この労いは冷の為である。山中は霧深く、寒風烈しい間は、美酒を毎朝あたためて少しずつ服用せらるればよろしいということをすすめた。普通であったならば、その言下に従ったであろうが、上人はこれに対して、断乎として拒んだのである。次の言葉はまことに上人の面目を遺憾なく現わしている。

法師は私の身にあらず。一切衆生の器ものなり。仏殊に難処に入て誡め給うもこれ故なり。放逸に身を捨つべきにあらず。その上必死の定業をば仏も救い給わず。去れば耆婆が方も老を留むる術なく、扁鵲が薬も死を助くる徳なし。若《も》し、予、暫く世に住して益有るべきならば、三宝の擁護により病癒え命延べし。さあるまじきに於いては、仏の堅く誡め給う飲酒戒をば犯すべからず。殊に酒は二百五十戒の中より十戒にすぐり、十戒の中より五戒にすぐりたるその随一なり。蠱毒《こどく》は只一生を亡す失あり。酒毒はこれ多生をせむる罪あり。たとい一旦かりの形を助くとも、小利大損たるべし。仏は寧ろ死すとも犯すべからずと誡め給えり。予、もし薬の為に一滴をも服せば、何事かな、かこつけせんと思げなる法師共故、御房も時に酒は吸い給いなんと云ためし引出して、此山中さながら酒の道場となるべし。仍斟酌無に非ず。

（『栂尾明恵上人伝記』）

何という偉大なる信念であろう。まことに千歳の下自《おのずか》ら頭の下がる思いがする。「法師は私の身にあらず、一切衆生の器なり」。実に尊い出家としての自覚ではあるまいか。小さい私の為の身ではない。衆生済度の師となるべき身である。一切衆生を、身を以て導かねばならぬということから、仏の重禁を侵してまで、身を保とうとは思わぬ。身の為にせず、法の為にする大信念である。

「酒は二百五十戒の中より十戒にすぐり、十戒の中より五戒にすぐりたるその随一なり」。

まことにこの見識こそ仏教酒誡の真髄を道破せる金言である。仏教として酒を排さねばならぬ所以はここにあるのである。更に

「蟲毒は只一生を亡す失あり。酒毒はこれ多生をせむる罪あり」。

まことに酒の禍は一世に止まらぬのである。

次に人の師として、たとえ薬酒にしても飲めば、必らず飲酒者の為によき口実をつくられて

「予、もし、薬の為に一滴をも服せば、何事かなかこつけせんと思げなる法師共故、御房も時には酒は吸い給いなんと云ためし引出して、此山中さながら酒の道場となるべし、仍斟酌なきに非ず」。

実に至言である。酒飲の口実に禁酒の道場がさながら酒の道場となってしまうことを恐れ慮っての考えである。まことに尊きことといわねばならぬ。殊に人の師表たるべき者の心得として味わうべき言葉である。

されば にや北条泰時をして、その善政をよくなしとげさせたのも、この大信念と、徳行の高き力よく教化せしめたものというべきである。

(ロ) 叡尊と良観

鎌倉時代、南部復興仏教の代表として、深く聖徳太子を追慕して、その福田《ふくでん》事業を発揚したものは奈良西大寺の叡尊と、鎌倉極楽寺の良観とである。この二人は超世間的な消極的戒律護持者というではなく、自ら進んで実社会に突入し、戒律の精神を生かして、仏教社会事業の為に不朽の功績を留めたものである。その高徳と教化とは畏くも朝廷より菩薩号を下賜せられたるに見ても、その如何が知られるのである。叡尊には興正菩薩、良観には忍性菩薩と徴号を賜うている。

その活動の宏大と深甚の慈悲とから、世称して生き仏と崇めたに見てもわかるのである。この福田社会事業中最も意義あるものは禁酒の運動であった。独善主義に自ら守る禁酒ではなく、進んで街頭に出でて、社会一般の酒を根絶せしめんと努力したことである。叡尊、忍性父子の次第相続した意義は、我が国禁酒運動史上の精華である。

叡尊は伝記によってみるに、弘安六年三月二日戊時に大和国三輪の非人宿堂に於いて、これ等の人々に菩薩戒を授け、その中百三十八人を断酒せしめ、部落に酒を入れずという制札を出さしめている。叡尊の社会慈善事業は上下あらゆる階級に及んで貫徹していることは意義のあることで、殊に貧民救済の為に手を伸ばしたことは誠に偉とせぬばならぬ。

蒙古の国難にあたっては、敵国降伏祈禱の導師として、男山八幡宮に祈願をこめている南北二京の酒肉を断てる持斎僧五百六十人を率いて、八幡宮の御宝前に八斎戒を説き、一味和合衆の誠を捧げた清浄大衆による熱禱をこめた緊張味こそ、まことに尊い限りであった。叡尊の意気軒昂見るべきである。元寇襲来の国難は幸いに撃退することが出来て、後に叡尊に対する恩賞を幕府から望みにまかする旨の通知があった。この時に叡尊は言下に

「吾本、望みなし。唯天下の酒を止むること三日なれば可なり」

と答えたので、幕府はその希望にまかせて、酒家の酒甕を摧破《さいは》した。酒、淋漓《りんり》として流れ出で、地にみちて鶏犬皆酔うたとある。これは瑞渓周鳳《ずいけいしゅうほう》の『臥雲日件録』文安

四年正月八日の条に記す所である。恩賞について寺領賞金を欲しがったものの多い中から、天下の酒を三日止めよといった崇高卓絶の精神、何たる高行であろうか。叡尊にして初めて云い得る所である。この三日間は酒を断った為に訴訟闘諍《とうじょう》が全くあとを絶ったとさえ記されているのである。

忍性菩薩良観は叡尊の弟子であり、師資相承《ししそうしょう》して二代の活動は見るべきものがあった。叡尊が西大寺を中心として主として教化を畿内に布いたに反し、良観は当時未だ荒びたといわれる関東に進出して教線を張ったのである。

初め叡尊について剃髪し、婬酒生涯禁断を誓い、十重禁戒を受けて出家得度した。西大寺にあっては常施院を建て、病客を救い、悲田院を修めて、乞食の歩行不自由者を助けた。癩病者救済については奈良市の奈良坂北山十八間戸の旧蹟は、今日なお史蹟としてそのかみを語っている。手足湾曲して立つことの出来ない者を負うては看護し、自ら癩者を洗摩していとう所なく、厳寒にも酷暑にもかかわらず続けられた。これ等に戒を授け、施食救療し、心身二面、未来解脱の祈念をしてやったのである。まことに人類愛の権化ともいうべく、生涯の事業の大きなること、人類より畜類に及び、撫恤《ぶじゅつ》の事業はまことに古今稀に見る所である。

鎌倉に下向して、北条重時の帰依を受けて極楽寺を開創した。極楽寺は今日幸いに古図が残されてその規模の如何が明白に察知される。それの規模は所謂の寺院ではなく、一大総合福田事業の観があった。本堂を中心としてそれをめぐって施薬悲田院、療病院、敬田院、福田院、薬湯寮、癩病院馬病室等宏大なるものであった。北条時宗の療養院をあずかってここに看病する二十年、病の癒えたもの四万六千人、死者は一万四百五十八人と『性公大徳譜』は書きしるして、その偉大なる成績を物語っている。今日の極楽寺は荒廃見る影もないが、しかし本堂前に良観当時の薬をいいた薬研と薬鉢が残されてあり、当時の俤を偲ばせている。更にその傍には

不許葷酒入山門《くんしゅさんもんにはいるをゆるさず》

という禁牌石が厳然として立てられている。これは高さ五尺余りで葷と酒字の間が震災で折れたつぎ目のある石碑である。筆者は曾てここに詣でて調査した。裏面に二箇

所の凹所があり疑問に思って過去帳を調べて貰った。酒肉石塔の名年号は明治二十二年九月十八日石工に命じて削除せしむという書付を見た。それには弘長二年壬戌六月建之、沙門性善とあった。弘長二年はまだ極楽寺は出来ていぬが、良観が鎌倉に来た翌年である。北条重時が発願して、これを結界石としてたものではないかと考えられ、忍性菩薩を偲ぶ遺物としてまことに興あるものである。福田事業にたずさわって、人生の苦患を思う時、見聞直接する時に、酒害が深く察知せられ、仏の教誡せられた酒は諸悪の根源ということがしみじみと痛感体験せられたことによって深く酒を考えたものと思われる。唯々戒律宗の禁戒護持者たるのみでなく、そこにこの世の苦患者の原因の一が酒から将来されたことを考えての禁酒運動ではなかったかと思われる。

良観は極楽寺を中心として生身の如来と称せられた程の民衆の帰依を受けた。日蓮上人は開宗の意気に燃えて、念仏無間・禅天魔・真言亡国・律国賊を高く掲げて他宗を誹謗した。その律国賊の対象は、実にこの良観であったのである。幸いに反対者たる上人の遺文録の中に良観の禁酒運動の如何なりしかを知るに足る資料の存するはまことに興あることである。

極楽寺の良観上人は、上一人より下万民に至って、生身の如来とこれを仰ぎ奉る。彼の行儀を見るに実に以て爾なり、飯島の津まで六浦の関米《せきまい》を取りては諸国の道を作り、七道に木戸をかまえて、人別の銭を取りては諸河に橋を渡す。慈悲は如来に斉しく、徳行は先達に超ゆ。汝早く生死を離れんと思わば、五戒二百五十戒を保ち、慈悲をふかくして、物の命を殺さずして、良観上人の如く、道を作り、橋を渡せ、これ第一の法なり。汝持たんか否か。

とあるに見ても、良観の活動が如何であったかが知られる。生身の如来と仰がれたことはまことにしかるべきことである。次に日蓮上人佐渡遠島の原因が、良観の禁酒運動妨害に因を発しているというているのは面白いことである。それは『遺文録聖愚問答抄』に

死罪を止めて佐渡の島まで遠流せられ候しは、良観上人の所行に候わずや。その訴状は別紙に有之《これあり》、そもそも生草《いきぐさ》をだに伐るべからずと六斎日夜法に被給《たまわれ》ながら、法

華正法を弘むる僧を断罪に可被行《おこなわるるべき》旨《むね》被申《もうせらるる》之者《は》、自語相違に候わずや。但この事の起こりは、良観房常の説法に云、日本国の一切衆生を皆持斎になして八斎戒を持たせて、国中の衆生天下の酒を止めむとする処に、日蓮房が謗法に障えられて、この願い難叶由《かないがたきゆえ》、歎《なげ》き給い候間

とあるに見てもよくわかるのである。日本国の衆生を皆持斎になして八斎戒を持たせたい。八斎戒とは内容に不飲酒戒をふくむもので、無酒国土の建設ということに努力したことは日本禁酒運動史上の誇るべき栄誉であった。仏教大慈悲の精神から発して無酒に及ばんとしたことは特筆すべきことであった。

(6) 禅と念仏

鎌倉期の初め入宋して禅を伝えたものは栄西である。茶の種子の伝来者として、『喫茶養生記』の著者として有名なるものである。茶が伝来して普及したことは我が

国産業の上にも、生活の上にも一大の貢献であった。

栄西禅師としては睡魔を消して修行にいそしむ為に、禅堂修行上、大いにその功能を認め、更に飲酒に代わる飲料として新たに喫茶が登場したことは酒害匡救《きょうきゅう》の上からいっても大きな意義がある。将軍実朝が、大酒して二日酔で苦しんでいる時に、当時加持僧であった禅師は、茶一盞《いっさん》を進めて、将軍の悩みを快癒せしめたといわれ、それと同時に『喫茶養生記』一巻を著わしてその功能の心身共に役立つことを述べている。

坐禅にあっては睡《ねむ》ること酔うことは最も禁物である。禅戒が不酤酒戒を強調し、清規として酒を飲むべからずと指南しているのは所以あることである。更に心の平静を失うということは最もよろしくない。物質としての酒も禁ずると同時に、心の執着を酔酒として深く退けているのも所由あるのである。栄西禅師の茶の功能は飲酒に代わって新しい飲物としてあらわれたことに意義があり、更に飲酒の病悩を防ぐこと、睡魔を醒まし、身心を緊張せしめて、仏道修行に役立たしめたことである。禅堂では清規の中に茶礼が加えられ、一山大衆が茶礼の席にて同一和合になるという作法が示されているのはこれが為である。飲酒の礼等は毛頭なく、儒教の郷飲酒礼にかわる茶礼となったとも見られる威儀即仏法・作法是宗旨ということに茶礼は最も叶っているのである。

栄西禅師の後に入宋して禅を伝えたものは曹洞禅の開祖道元禅師である。支那天童山に登って住持如浄禅師に参問して磁鉄真契《じてつしんけい》して、日本に伝来したのは有名な話である。如浄禅師に入室して学人の功失、弁道の用心を問うた。その時の答に

和尚（如浄）示誨《じけ》して曰わく、祖師西来して仏法振旦《しんたん》に入る、豈仏法の身心無からんや。第一初心の弁道、功失する時には

五辛を食うべからず

肉を食うべからず

飲酒すべからず

等

（『宝慶記』）

と誡しめられてある。これを伝えて日本に新しい曹洞の禅風を挙揚した。『重雲堂式《じゅううんどうしき》』には

サケニヨイテ堂中にいるべからず。わすれてあやまらんは礼拝懺悔すべし。またさけをとりいるべからず。にらぎのかして堂中にいるべからず。

と、「以前の数条は、古仏の身心なり。うやまいしたがうべし」。同じく永平寺の『衆寮清規』には

一、寮中酒肉五辛入るべからず。凡そ茹葷の類、寮辺に将来すべからず。
前件の箴規古仏の垂範、尽未来際当山導行

無酒の修行道場として禅林を結界したのである。更に米の尊重をといて、「いわゆる粥をば御粥とまをすべし。朝粥とまをすべし。粥とまをすべからず。よねしろめま

いらせよとまをすべし。よねつけというべからず。よねあらいまいらするをば浄米し、まいらせよとまをすべし。よねかせとまをすべからず。……みなかくの如くうやまうべし。不敬はかえりて殃禍《おうか》をまねき、功績をうることなきなり」とは有難き仏物頂戴の教訓である。この敬の心持からどうして米を酒となして勿体なくも飲まれるであろうか。このことこそ最も考えねばならぬ。一粒米の尊貴は禅師によりて徹底的に高調せられているのである。

次に念仏門に於いて法然上人の浄土宗、親鸞上人の浄土真宗はこの時代にあらわれた仏教の新宗派であって鎌倉仏教の代表的なものである。法然・親鸞両上人共に南都の復古仏教や禅宗ほどに、酒には厳重ではないが、禁制の意義は深い。法然上人は念仏門徒の停止条項として

念仏門におきて戒行なしと号して、もはもはら婬酒食肉をすすめ、たまたま律儀をまもるをば雑行人《ぞうぎょうにん》となづけて弥陀の本願を憑《たの》むものは造悪を恐るることなかれ
ということを停止すべき事

とあって、念仏門が易行道《いぎょうどう》をとって、戒律をやかましくいわぬことから、婬酒食肉を平然と行うことは仏意にもとるということを示して停止されてあるのである。上人はまことに学徳円満の高僧であり、その徳行はまことに高くあったことは勿論であり、ややもすれば易きに流れるの風はいずれの時にも変わらぬことである。

親鸞上人もまた

念仏勤行の時、酒狂なるべからず

という誡しめがある。至心の祈禱念仏に酒があってよかろう筈のものではない。如何なる場合たりとも仏教である限りは無酒がその特色であり骨髄であらねばならぬのである。鎌倉時代は仏教の高調と共に禁酒にとっても最も意義ある時代であったのである。

七　建武中興と室町時代

(1) 建武式目

北条氏亡んで、新たに建武中興の新政となった。

建武三年十一月七日、建武式目条々十七箇条を制定し給うて民の依るべきを示された。その中、第一条第二条に於いて、

一、倹約を行うべき事

一、群飲遊佚《ぐんいんゆういつ》を制すべき事

と、群飲遊佚の制禁が出来たことは注目すべき事であり、更にそれが徳川家康の武家法度に同じ制条を設けて、武士の面目を保持せしめんとした先駆をなすの制条としてまことに意義深いことである。

建武中興は全く成らずして戦乱に終始したため、その実現を見ずに終わったのは詮なき次第であった。

(2) 細川頼之の禁酒とその後

室町幕府は酒に対してはあまり関心をもたなかった。足利尊氏が大の自由主義者で、酒に関する注意が甚だ足りないものがあった。

三代義満の幼少の師伝細川頼之《よりゆき》は、最も酒に対して注意し、幕府の基礎を固くした人である。

執政として禁侈禁制五箇条を制定し、厳重なる布令を行ったので、在京の諸侯は遊宴の楽を止め、奢侈の風改まり、傾城白拍子などは、殆どその業を失うまでに至ったという。

識者は、「その政鎌倉の盛時に似たり」と称讃したが、奢侈好みの人には「頼之の政道には何の楽しみもなし」という者があった。しかし、京師は勿論、諸国末々まで、年末の貧困を忘れて、やや蘇生の思いをなしたのは頼之善政の力である。

頼之は自ら他の嗜好なく、僧元策の評を以てすれば

平素蔬食《そしょく》淡飲《たんいん》、終日超々然、塵を揮《ふる》い、玄を談じ、斐休龐蘊《はいきゅうほううん》の風あり。

と讃歎しているに見ても知られる。自ら範を示して倹を尚《とうと》び、執政の任をつくしたるは、天晴れ禅家居士の面目を発揮している。

殊に注意したいことは、義満の補佐ということであった。室町幕府の成立には、頗《すこぶ》る杞憂すべき原由《げんゆ》がふくまれ、何時爆発すべしとも知れない有様で、天下は治まる如くにして、実はあやうい擬装の治平であった。されば内法掟文を制定して義満の補佐の重任を明らかにした。

頼之の任にある間は、義満は真面目を保ったが、やがて頼之解任されて丹波に退くや、酒色に溺れて如何ともし難くなった、室町将軍の歴代不良な寿齢を見るに、たしかに飲酒の禍害を明らかに受けていると見ねばならぬ。

鎌倉時代の初めに栄西によりて伝えられた茶は伝播して、茶湯茶会となり、その初めは礼儀正しい茶であったが、後には酒乱の極を尽している。玄恵《げんえ》法師の『喫茶往来』に見るに、黄昏に及んで茶礼が終ると、茶具を退けて、美肴《びこう》を調え、酒を勧め、盃を飛ばす。十分に飲んで酔っぱらい、舞い歌い、まことに醜態の限りを尽くす。茶酒混合の有様で、それは支那の影響を受けて、社交的娯楽として甚だ流行したものであるが、憂うべき現象であった。室町将軍もこの風を受けた。醜態を尽くすことが誇りとなっては何をか云わんやである。十度飲の飲酒競技の流行ったのもこの時のことである。保健上に如何に悪影響を及ぼしたかは、室町幕府の重臣、細川、山名、赤松、一色の豪族に乱心狂疾者、神経質者を出したことは、まことにこの因果歴然といわねばならぬ。応仁の大乱以来、我が国が戦国の乱世を出さしめた内因として、これ等飲酒の悪影響が、乱心狂疾者をかつて動乱に動乱へと波紋を点じた責任なしとは断定することが出来ぬ。

室町将軍は幕府の財政上の窮乏を救う為に、土倉酒屋を保護し、これから重い負担をかけた。義満時代は年四回、義政以後は一箇月八、九回という有様で、富豪からは献金を強制する。自らの奢侈の為にこれが財源にあてたとはなさけない話である。土一揆が蜂起し、僧兵が放火略奪する。まことに不健全な時世相であった。

更に南都の寺院が奈良酒をはじめて、儀式法会の贈答にも公然用いられ、更に壺銭《つぼせん》をとり、将軍へ献納せしめるなど、酒造業を営むに至っては本末顚倒もまた甚だしいものがある。天野山金剛寺、菩提山寺は有名なる酒の名所となった。

更にここに注意すべきことは、女が酒を飲み出したことである。平安鎌倉時代には女は酒を飲まぬ、それが室町期に至ってすたれたことである。玉葉治承四年七月十九月の条姫君着袴のことを述べ

姫君たるに依り、酒盞を供せず

とあり。また玉葉、承元元年年三月二十三日の条、故摂政道家の長女入内の状を記して

我朝礼、女は必ず酒を飲まず

とある。女は平安鎌倉時代には飲酒しなかった。それが酒を飲みはじめたことは注意すべき悪い事と云はねばならぬ。

大勢はかくの如くであったが、新興武家の中では深く酒に注意し、家訓等に深く酒誡したものもまた少なくない。武家家訓中の白眉と称せられる今川了俊《りょうしゅん》の壁書には

一、酒宴遊興勝負に長じ家職を忘る事

その他武将の中にこの例は、まことに多いのである。

（3）夢窓国師の臨川家訓と教界

世の乱れはひいて教界にも及んだ。初め宋元の諸名僧の来朝によって、大いに門風を宣揚したが、後には次第に緊張を失うて、近世仏教衰微の兆はこの中に胚胎した。仏教の禁酒を強張《きようちよう》したものに夢窓国師《むそうこくし》がある。七朝の帝師として学徳一世に高いものがあった。『臨川家訓《りんせんかくん》』を制定して無酒道場を強調して

もしくは葷《くん》、もしくは酒、門に入らしむること勿《なか》れ。たとい調薬の為にもまた用うるべからず。

と、薬用にも退けられた心構えは、口実にせられることを慮ったからである。その厳なる左の文によりて知る。

病中、只非時食を許す。葷酒等を喫するを許さず。律院の式、病を療ずるに五辛を食するを制せずして、非時食を制す。その制意尤もゆえあり。予の制する所はこれに反す。また所思あり。怪しむことを得ざれ。或る人薬を服するに酒を用いて嚥下《えんか》す。或いは薬を煮るに少しく葱根を入る。則ちこれを禁ぜず。その余は宜しく如来の寧ろ死すとも犯さずの誡に遵うべし。謂うこと勿れ、酒肉五辛、能く人の身を養い、命を延ばしむと。俗家、長時これを食う者、未だ長生不死の人を見ず。僧家、道の為に身を養うは、これ古聖の制する所にあらず。幸に余薬の用うべきあり。しかも有罪の薬を求むるはこれ悪の甚だしき者なり。人命保ち難し。病なくして死するものは多し。何に況んや抱病の人をや。謂うこと莫《なか》れ、まず病を療じて道を行うと、古人云く、苦楽逆順、道その中に在り。須く知るべし、病悩の時節、乃ちこれ道の所在のみ。

とあって厳に誡しめてある。

上野双林寺の曇英慧応《どんえいえおう》の壁書にも

一、酒禁制、殊に中陰より、当忌辰の斎毎に緊くこれを禁ずべし

と法要に酒禁を強調している。遠江高尾石雲院崇芝《すうし》性岱《しょうたい》は禁制を作りて

一、不儀之輩、酔狂の輩は許容すべからざる事

という酒禁を設けて道場の無酒を遺訓している。

最もこの時代に興味あるは明応元年九月に近江栗太郡全勝寺宗真が山門断酒を決行して、法門の興隆をはかったことである。

比叡山は山法師が横行し、諸宗もまた衰微せる中に、『宗躰諸末寺法度』三十九条を発して、「酒不入事《いれざる》」更に庫裏法度《くりはっと》九箇条を撰して「断酒たるべき事」を制して、法門の興隆をはかり、宗真によりて浄土の一門は頓に隆昌を来たしたるはみるべきことである。まさに泥中蓮花を見るの慨がある。

真宗中興の祖、蓮如《れんにょ》上人は、戦国の乱世に法鼓《ほうく》を鳴らして、熱烈なる情熱を以て、

立教開宗以来、振わざりし宗門の興隆を致したる人である。その遺文集を見ると、

坊主人ノ人、チカゴロハ、コトノホカ重杯ノヨシ、ソノキコエアリ。言語道断シカルベカラザル次第ナリ。アナガチニ酒ヲノム人ヲ停止セヨトイフニアラズ。仏法ニツケ、門徒ニツケ、酔狂ノミ出来セシムルアイダ、シカルベカラズ。サアラントキハ坊主分ハ停止セラレテモ、興隆仏法トモイイツベキ歟《や》。シカラズバシカラズバ一盞ニテモシカルベキカ。

と重杯乱酒を厳制されて、制酒を強張されている。更に門徒の祖山に詣でる者に労をなぐさめられて酒を用いることを許されてある。これもまた時代相が物語るものであろう。

八　江戸時代

(1) 群飲佚遊の禁

大阪城が陥って豊臣氏滅び、世はあげて徳川家康の天下に帰した。慶長二十年七月七日発したるものが『武家諸法度』十三ケ条であった。これは諸大名制御の法度である。もし少しでもこれに触るれば立ち処に転封国除もされる、絶対服従せねばならぬものであった。この十三ケ条中第二には

一、群飲佚遊を制すべき事

同条に載する所厳制殊に重し。好色に耽る、博奕を業とする、これ亡国の基なり。

とある。これは建武中興の条令を踏襲したものであろうが、なかなかに威力を持っていたことは、平素は何事もないが、一度幕府から睨まれるとなると、このことは実に厳しい法度とかわって諸大名の上に絶対威力をふるって、遂に一藩の滅亡を来たした例も少なくない。まことに弾力性をもった所のものであった。

『宝永武家法度新令句解』によれば、

> 一群飲佚遊の禁、旧制既に明白なり
>
> 元和令の第二条に、群飲佚遊の制ありて、その下に令条所載厳制殊重《ことにおもし》。耽好色業博奕《こうしょくにふけりばくちをぎょうとする》、これ亡国の基と見えたり。これ建武式日のことばを取用いられし所なり。群飲とは群がり集りて酒を飲むなり。佚遊とは放佚盤遊なり。色に荒み、物を賭にするこれらの佚遊の事なり。これらの制、天平宝字二年、延暦九年、十七年、貞観八年、十六年、寛平五年、昌泰三年等の制に見えたれば、厳制殊重とは載られしなり。
>
> 風は奢靡を競いて、礼制によらず

財利を貪りて廉恥をかえり見ず
妄りに人材の長短を論じ、窃《ひそか》に時事の得失を議す
風を傷《やぶ》り、俗を敗《やぶ》る事、これより甚だしきはなし、厳に禁止を加うべき事
（滝本博士『日本経済史附録』一〇）

とこの群飲佚遊に注釈している。
寛永十二年十二月十二日の諸士法度は武士たる者の制裁で、その中には
一、振廻の膳、木具、ならびに盃台、金銀彩色、これを停止す……総じて振舞の儀は軽くいたし、酒乱酔に及ぶべからず事
一、音信の礼儀……勿論酒肴等も軽少たるべき事
寛文三年八月五日には

一、振舞の膳……総じて振舞の儀かろくいたし、酒乱酔に及ぶべからざる事

と酒に注意し、武士は四民の上であるから、その面目を保つ様にということが特に重要視せられたのである。乱酔して武士の体面を汚すことは、甚だ以て歎かわしい限りである。

三代将軍家光に至って奢侈の戒禁を布令した。それには

凡そ官に従うものは怠る勿れ。移る勿れ。身を奉じ、家を治むること、宜しく倹素を努むべし。衛士の宴集は宜しく肴一品、菜三種酒三爵に過ぐるなかるべし。……無事放逸、市街を逍遥する勿れ。向に数々仮貸し、或いは菜を増し、俸を加えしも、今尚聞く日にいよいよ貧困なりと。乃ち驕奢淫佚の致す所なからん乎、これが将長たる者、宜しく心を悉して訓督すべし。

と諸士の漸く太平になれて奢侈になり、その気力を失わんことを慮り、旗本諸士の饗

応には二汁五菜、一酒二肴に限るとの令を発し、また煙草を植栽し売買を禁ずる等、風紀粛正の上に大いに努力したのである。

ついで家宣将軍に至りては、宝永十一年四月十五日に新令を発し、群飲佚遊の禁を厳にしている。「万代の亀の甲府が世を取りて宝永事よ民の悦び」とは童謡の文句で知られる。

更に将軍吉宗に至って、綱紀の振粛を令して、享保六年六月二十四日には寺社奉行を召集して倹約を令して曰く、

冗費はぶく事をもはら心いるべし。兼てより朝制にあずからぬことが宴遊にかかりし事の費用ははぶき、また聞こえ上って停廃することもあるべきをかえりてさるかたに心用うるもの少しと聞こゆ。……諸有司これまではからうさま御旨にかなわず……その他、寺院をはじめ、或いは省減あるは停廃せらるべし。この旨心してあるべし。

と論示して仏事に禁酒或いは制酒を断行し、宴遊を減少せしめている。

(2) 酒狂人の制裁

将軍吉宗の時に至りて、御定書百ケ条を作りて、御仕置の規範となした。その七十七条に酒狂人御仕置の事とあるは興味ある制裁であり、左にかかげて見る。

一、酒狂ニ而《にて》人ヲ殺候者下手人

但殺候者之《の》主人或者親類等下手人御免願出候共取上間鋪《ともとりあげまじき》事

一、酒犯人ニ而《にて》人ニ為手負《ておわせ》候者、平愈次第ニ療治代為出可申《ださせもうすべく》候

但疵付候者、奉行人者、主人江《へ》預ケ其外者手疵怪候者、預ケ置可申《もうすべく》候

一、療治代軽重ニヨラズ、中小姓体ニ候者、銀弐枚、徒士者、金壱両、足軽仲間ハ銀壱枚。

但町人百姓者銀壱枚、町人百姓ハ右ニ准ジ、療治代為相渡可申《あいわたさせもうすべく》候事

一、療治代、難出《だしがたき》者ハ、刀脇差、為相渡可申《あいわたさせもうすべく》候事
一、酒狂ニ而《にて》人ヲ致打擲《ちょうちゃくいたし》候者、療治代難出《だしがたき》者ハ諸道具ヲ打擲ニ逢候者江《へ》、可為取《とらるべく》候事
一、酒狂ニ而《にて》諸道具ヲ為損《そんじさせ》候者、損ジ候道具、償可申付《もうしつくべく》候
一、酒狂ニ而《にて》相手茂《も》無無溢レ、自分ト疵付候モノ者主人其外可相渡《あいわたすべき》方江《へ》引渡シ可申《もうすべく》候事
　但公儀、御仕置ニ可成《なるべき》筋之者ハ格別、左茂無之《もこれなき》者ハ御構無之《これなき》旨、申渡引渡候
一、酒狂ニ而《にて》溢レ候マテニテ、疵付候事モ無之《これなし》、諸道具等検シ候事モナク、立帰リ度由詫申《たきゆえわびもうし》候者、為留置申間鋪《とめおかせもうすまじき》候事
　但奉行所江《へ》訴出之《の》後ニ而《にて》茂《も》、右ノ通リ可為致《いたすべく》候事

（3）旗本御家人の所刑

旗本御家人にして酒酔の為に失敗し、武士の体面をけがしたということによって所

刑された者の判決例が、三浦周行博士『続法制史の研究』中に載せられてあるを以て、左に掲げてみる。これは将軍御目見以上の資格者で、江戸町奉行所で取扱える武士、その家臣の判決例で、かなり厳重に取締られたことが知られる。武士は四民の上であるという時代の意識が、その誇りを傷つけてはならぬという面目にかかった問題である。

江戸払とは江戸より二、三里追放であり、追放は江戸より八、九里、十里四方追放は江戸より八、九里から十二、三里の間徘徊を許さぬ。中追放は江戸より十八、九里から二十四、五里、重追放は江戸より二十五、六里より三、四十里の間徘徊を許さぬ所刑である。

旗本御家人の所刑

一、酒狂ニ而《にて》町人ヲ殺候御旗本幷《ならびに》厄介人　中追放　軽追放

一、酒狂ニ而《にて》人ヲ殺候御家人　下手人

但口論又ハ酒狂ニ而《にて》刃傷、相手相果候節、侍以上ハ切腹被仰付《おおせつけられ》可然《しかるべき》段、寛政元酉評定所一座評議之上申上候得共《そうらえども》、其後モ下手人ニ相成切腹ノ近例無之《これなき》事

一、酒狂ニ而《にて》人ニ疵付《きずつけ》候御家人幷武家之《の》家来　江戸払

一、酒ニ酔歩行候ニ付、往来人嘲候ニ付、刀ヲ抜、嘲候モノニモ無之《これなき》モノ江《へ》、疵付候武家之陸足　江戸払

一、突当候モノヲ咎候処、懐中江《へ》手ヲ入候ニ付、可捕押《とりおさえるべし》与《と》致シ候処、番人出別候ヲ盗賊ト存、突倒候処、番屋江《へ》参候申《もうし》候得共《そうらえども》、酒ニ酔不聞《きかず》、留手ニ不及《およばず》脇差ヲ抜、疵付逃去、吟味ニ相成、自訴致シ候得共《そうらえども》、番人屈伸難相成《あいなりがたく》致シ候、武家之家来　中追放

一、酒狂ニ而《にて》似セ役イタシ、金子取上候得共《そうらえども》、直ニ被差押《さしおさえされ》候武家ノ家来　遠島

一、酒狂ニ而《にて》恐候ヲ面白存似セ役イタシ候御旗本同厄介人
重追放

一、酒狂ニ而《にて》御庭番、又ハ隠密廻リト申候御家人
軽追放

一、酒狂ニ而《にて》町方同心之旨申相咎、酒食振廻、受又は事六ケ敷《むつかしく》申懸候武家之《の》家来
中追放

一、吟味物落又ハ初判願候節酒代受用イタシ候モノ
中追放

一、傍輩江《へ》相送リ候金子取次遣、右ヲ以調候酒肴振舞受候モノ
主人方ニ而《にて》暇差出

一、願中之《の》モノ見分ニ罷越候節与凡心得違酒肴給候モノ
五十日押込

一、空米商売人ヨリ手入ニ差出候金子借受、又ハ懸遣酒食振廻受候モノ
重追放

一、百姓ヨリ砂糖酒持参候ヲ、無程《ほどなく》承聊之《の》品ニ而《て》モ其分ニイタシ置候モノ
三十日押込

一、廻リ場内ヲ内貸遣、酒代貰受《もらいうけ》候辻番人
江戸十里四方追放

一、酒狂之《の》上、往来人突当リ候旨申、打擲致し候処、大勢参打擲ニ逢、相手モ

不見留《みとどめず》、大小モ取落逃去候得共《そうらえども》、残念ニ存、相手可取与立戻候足軽
江戸十里四方追放

一、浄瑠璃場江《へ》同道致シ参候候処、仲間之《の》モノ酒狂之《の》上アワレ候モノヲ見捨帰候モノ
百日押込

一、酒給候得ハ心面白相成候迚《とて》夫江《へ》モ不断《たたず》、猥《みだり》ニ他行致シ候御家人妻
三十日押込

（三浦周行博士『続法制史之研究』一四一七―一四四四）

幕府が慶安二年に百姓に発したる御触書は三十条ある。内、酒に関するものは左の如くであり、保護干渉のあらわれであるが、酒を飲むことを禁じているのは注意すべきである。

一、酒茶ヲ買ノミ申間敷《もうすまじ》。妻子同前之事

一、たば粉《こ》ノミ申間敷候《もうすまじく》。是ハ食ニモ不成《ならず》、結句以来煩ニ成モノニ候、其上隙モカ

ケ代物モ入、火ノ用心悪候、万事ニ損成モノニ候事　以下三十条省略。
年貢スマシ候得バ、百姓程心易キモノハ無之《これなし》、ヨクヨク此趣ヲ心ガケ、子々孫々迄《まで》申シ伝え、能々《よくよく》身構ヲカセギ可申《もうすべき》モノ也

（4）造酒制限令

江戸時代には、しばしば天災飢饉を生じた。人口は増殖する。天恵に薄い我が国としては、飢饉の襲来の為に甚だしく脅威を感じた。時に幾万の餓死者を生じたことさえあり。ここに米穀の大切さが痛感されて、米を尊重する傾向が深く心にしみて来た。封建主義の自給自足の経済でそれをくいとめようとした所に大なる努力があった。

更に三百諸侯という諸大名にしても、表高《おもてだか》何万石といってみても、いわゆる草高《くさだか》で、その名の如く実は伴わぬ、まことに貧弱極まるものであった。二十万石の大名で、重税を課して五公五民として、収穫を平分した場合は十万石の収入がある。この十万石は税《そう》であって、五分摺《ごぶずり》にすれば五万石となる。而して大名の収入の半額は侍の封禄と

なるのであるから、藩の実収入は二万五千石である。これに公費私費がいる。米価の安い時代であるから、金にかえてみても僅少である。更に大名には格式維持が大変である。二十万石は二十万石の格式を崩すことは出来ぬ。体面維持ということは家名にかかることで、大名としての苦心が存する。（瀧本博士『日本経済史』一五六）

参勤交代、土木工事の献金を強制し、故意に失費せしめ、その力を弱めた。困窮のドン底から立ちあがることは明君でなければなし得ぬことである。窮した所からは当然米を以て作る酒が問題となって、造石制限、禁酒制酒の問題が必然に出て来ることは当然のことである。江戸時代の禁酒制酒の必然性はここから生じたといわねばならぬ。江戸時代の概要を年代別に列挙すれば左の如くである。

寛永十一年十二月

連年凶作に付酒造半減令を発す

同十九年五月

醸酒《じょうしゅ》、饂飩《うどん》、蕎麦《そば》、饅頭《まんじゅう》、豆腐の製造を禁じ、雑穀食をすすむ

万治元年閏十二月
　酒造を半減す
同　二年六月
　昨年と同様、酒造を半減す
寛文六年十一月
　酒造につき下知状《げちじょう》を発す
同　九年二月
　行旅病人並に泥酔者取扱法を定む
同　十一月
　酒造を戒む
延宝二年九月
　諸国洪水、田損失大なるを以て酒造を制限す
天和元年十月
　米穀欠乏に付き造酒を制限す

元禄元年九月
　不作に付き酒造の定額を五分一に減ず
元禄十年十月
　大酒を禁じ酒価を五割高くし、税を賦課《ふか》す
同　十二年九月
　江戸米穀不足により、酒造額を定額の五分一に削減す
同　十四年十月
　重要なる儀式以外酒を用うるを禁ず
宝永元年九月
　諸国水旱害米欠乏により、造酒額を減す、これを検査す
享保七年三月
　武家の奉公人等泥酔して傷害を加える際の賠償法を定む、五月旗本倹約令を発
　す
宝暦四年十一月

酒造減少を令す
天明七年六月
造酒額減少を令す
同　年十一月
重ねて造酒額を制限す
寛政三年九月
造酒減少を令す
享和二年七月
米価暴騰により造酒額を減少せしむ
天保八年九月
造酒額を減少せしむ
文久三年八月
酒造を定額の三分の一に減少せしむ
慶応二年六月

酒造の減少を令す
慶応三年九月
酒造額を減少せしむ

以上はその概要の列挙であるが、米の不足を来たしては、必ず酒造を減少せしめて、無用の費となる米の為にこれが制限を加えているのである。法令など細密なものがあるが、これは掲出を省略することとする。

(5) 五人組制度

「遠くの親類より近くの組」という諺がある様に、この五人組制度が江戸時代の初期につくられたことは興味あることである。三代将軍家光の時代に強化せられて、切支丹の禁制、豊臣浪人の取締、悪風の取締、相互扶助という種々なる理由から、これが構成は重大な意義をもったのである。

五人組は数字族の団結にして、家族はその戸主によって代表せられている小団体で、すべて知り合うことに好都合であり、意志の交換も自由、同じ釜の飯を食うて談笑の間にこれを議するという便があり、従って無責任な行動はとれぬことになり、この酒の問題についても饗宴遊楽の取締に於いては、大いなる力となったものであり、江戸時代の制酒禁酒の上に大なる貢献をなしたことは否めないのである。

今、寛政十一年、武蔵国多摩郡上谷《かみや》保《ほ》村《むら》五人組御改帳について、制酒の件をしるした箇条のみを抜粋してみると左の如くである。

一、聟取娵取《むことりよめとり》之儀、奢《おごり》ケ間《ま》敷《しき》義無之《これなき》様分限よりかろく可仕《つかまつるべく》候。人大勢集り不可大酒を呑《おおざけをのむべからず》候。新宅之ひろめ、初産之祝、不相応之いわい仕《つかまつる》間敷《まじく》候。葬礼之野酒一切停止之事

一、百姓何方江《へ》罷出《まかず》候時も、刀一円指申《さしもうす》間敷《まじく》候。壱尺八寸より長き脇指差申《もうす》間鋪《まじく》候。惣而《そうじて》百姓に不似合《にあわざる》風俗を致し、長脇差をさし喧嘩口論を好、或大酒呑、致酔狂《すいきょういたす》者有は可訴出《うったえいずるべく》候事

一、有来候酒屋之外、新規に造酒屋請売之酒屋共に停止之事
一、公用之儀、又者《または》村中申合等之義に付、百姓寄合候節、村入用に懸り候酒肴給させ申間敷《もうすまじく》候事
一、自分家来、並手代、妻子、召仕等に至る迄、金銀、米銭、衣類諸道具、酒さかな、その外軽き物成共《なるとも》、音物礼一切仕《つかまつる》間鋪《まじく》候……隠置候後日に相聞候わば、名主年寄可為越度《おちどたるべく》候事
一、自分並に手代村々相廻候節者……右之通、上下共、百姓之馳走に不成《ならず》、村々費無之《これなき》様申付候条、酒肴等此方より差図無之《これなき》物、何に而も調置間鋪《まじく》候。もし調置此方へ不入《いれざり》候に付、寄合呑喰村入用に割懸け候わば、名主年寄可為曲事《くせごとたるべし》、無差図人馬集置百姓之隙を費し申間敷《もうすまじく》候事
寛政十巳年三月　　　（穂積陣重『五人組法規集』三一九頁）

等あって、この小数団体の近隣家族の申し合わせ、規約として酒を制することに注意したことはまことに見るべきものがあったのである。互に共同体であるということ、

越度《おちど》となっては連帯責任ということなど、まこと意義をなしたといってよい。

（6）葉隠武士道の酒誡

肥前佐賀藩の武士道を書き綴ったものは『葉隠全書』である。士たる者の心得を説いて余すところなき武士道の典型である。酒と武士道とはまことにまことに考うべき事柄である。酒を飲んで不覚をとった例は少なくない。更に四民の上として、庶民の規標に立つということからしても、面目を保持するということは大切なる要件である。節操を守る所に、士たるものの道がある。葉隠武士道に於いて酒誡を如何にといているか、まず『山本秘書』に於いて

酒を慎むこと第一の用心。透間は酒り出ずるなり。心がけ深き奉公人、一代下戸作りにて過ぎ候人多く見覚え候。なかんずく身に相応せざると見および候

とある。人間の油断「即ち透間は酒より出ずる」、武士の透間は大禁である。同じく石田一鼎《いってい》の『武士道要鑑抄』に

凡そ我をして士の意地を失わしむるものは皆敵なり。その敵は六種あり。一には睡眠、二には酒食、三には好色、四には利欲、五には高貴、六には功名なり。この六種は、外の敵なれば防ぎ易し。内に一人あってよく外の敵を引き入る。故にまず内の敵を亡ぼすを以て武（篇武士）の始めとす。

右いう、まことに酒食は敵である。この敵を引きいれる一心、獅子身中の虫を亡ぼすことが大切である。酒をみては飲まずにいられない。この敵の征服、心中の敵の征服が肝要である。

次に大酒にて不覚をとりたる話等をのせて慎しむべき例証とせるは面白い。

古来大酒にて不覚を取りたる人数数多あり、甚だ残念の事なり。まず我が酒量を

はかり、その度を過ぎぬ様、心掛肝要なり。その内にも時により酔過すことあり。なかんずく気をぬかさず、不図《はからざる》事出来ても間に合う様に、了簡（注意）可有之事《これあるべき》なり。また酒座は公界物なり。心得べき事なり。

といって、酒を飲むもの、節度を知って飲めといい、酒座は公界物といっているのも面白い。公界物とは、酒の座では人の本心をあらわすから見破られる。故に酒の座は最も慎しむべきことを強調している。「可慎姪酒《いんしゅつつしむべし》」の章に於いて

酒は悪事の根元、病もまた発《おこ》る。常々おとなしき人、酒過ぎぬれば、取乱し、過言を云い、口論も出来、心の奥の恥まで云いあらわし、浅ましき者なり。酒に酔いたる時は、一向理究をすべからずまた酒に酔いたる人に取り合うべからず。云わずして叶わざる時は、当座を堪忍して、後日、その人の酔醒めたる後言うべし、また酔いたる時、下人を折檻すべからず。また下人酔いている時しかることなかれ。

その者酔めたる後、教訓すべし。いずれ酔いたるときは、早く寝たるがよきなり。これ肝要なることなり。我が酒の丈け（酒量）をよくきめ、何程飲むまでは酔わず、それより後酔いくると云う限りを篤と合点して、常々心に分量を定め置いて飲むべし。嗜《たしな》み（慎み）深き奉公人は酒を好む人も一代下戸を作り、諸人より許さる様にして、宿自宅にて養生に飲みて通りたる人、数多見覚えたり。尤もなる嗜み（慎み）なり。

と制酒について、丁寧にのべている。更に、江島正兵衛と源蔵とが酒の上で意見をした。酒を飲んで意見をするのは源蔵の酒癖である。それで癪《しやく》にさわった正兵衛は大小をさして、源蔵の長屋へやって来た。もう二人が酒の上の些事によって、互に果し合いをして、大切な身命を捨てる様なことになっては、どこに忠節あるか。そこで酒癖が悪いのだからこんなことになった。まあ禁酒してみよと節々すすめられ、正兵衛が禁酒した。それから後に、正兵衛が源蔵へこの自分の禁酒、慎しみの話をしたので、ひどく痛み入り、二人は無二の親友となったという。「止様により斯様になる事に候」

とは禁酒を称した面白い言葉である。

(7) 禁酒制酒を以て民政につとめし諸侯

津軽信政

津軽信政《のぶまさ》は陸奥国津軽藩中興の明君である。

寛文元年六月三日十六歳にして入部より、宝永七年十月十八日逝去に至るまで、長い間藩政を処理して、岩木川の改修、新田開拓、金銀鉱の発掘、植林事業、風俗文教の刷新等、全く信政民政の治績は大である。

信政の母は久祥院《きゅうしょういん》夫人といい、賢母の誉高い女性であった。父信義《のぶよし》は酒宴をこのみ酒乱の性格で、或る夜の宴に、陪臣を御手討せんとするをなだめ、遂に夫人はその指を嚙み切られた。夫人はひそかに治療して、信義の酒乱を慎しませた程の女性であった。

信政十六歳、入部の日にあたりの人を払って母子対座して、夫人は黙然としこの欠けたる指を信政の前にさし出して、以て国主となった劈頭我が子に徹悃《てっこん》の慈訓を与えたのである。

妾《わらわ》生涯の懇望は外になし。唯願《ねがわ》くは御一生酒を禁ぜられ給いて、能く言行動作を慎み玉《たま》い、国家の四民を深く憐み、仁沢を後世まで遍く施し玉《たま》わんことを

と諄々《じゅんじゅん》と説いたのである。信政もここに深く生涯の禁酒を誓い、国政に力を尽して、子孫の範たらんと決意の程を示した。かくて信政は生涯これをよく慎み守って、禁酒を実行したのである。久祥院と信政、まことによき禁酒母子の典型である。

されば国政の中にも酒のことには深く注意してしばしば制令を下してある。寛文元年六月二十一日の諸法度には

一、自今以後、非番在国の士、弓馬を嗜まず、酒色に津耽の輩は事実を考え罪科に処すべき事

一、振舞の節、膳木具幷杯基、これを停止す、二汁五葉、酒三献に過ぐべからざる事

といい、更に寛文四年九月二十一日、公用に在方へ出る者に対して、差紙を以て、賄われる節、賄方について代官へ示されたる

一、肴物、一種

一、あえ物取合一汁

酒は一切出し申すまじく候

(『津軽信政事蹟』七頁)

とあって、酒食のわずらいとなることを禁制している。また町人作法の事として

一、常々倹約を守り、衣類食物等随分軽く可仕《つかまつるべく》候。尤大酒乱酔等仕り候者、過銭可申付《もうしつくべく》候。

とある「過銭」とは科料である。酒の害悪、慎しむべきことを陪臣に語った言葉に、

我は酒は嫌なり。汝等酒を飲む事同敷《おなじく》は無用と心得べし。覚悟有て飲むは格別なり。儒者にも酒は無量不及乱《はかりなけれどらんにおよばず》とあり。飲事の多少には不可寄《よるべからず》。たとえ百杯呑みても能程ならば過ちにあらず、一杯にても乱るるは酒狂なり。凡て呑むなというにあらず。然れども、その程能処《ほどよきところ》を過れば酒狂となる故に、汝等に呑むなというなり。さて世の交りは皆道理筋目の噺しする事ぞ。酒狂すれば道理の外を云い出るものなり。誓約したる事も打ち忘れ、云うまじき君父の事をも申す者なれば、人道に背くなり。世の中に恐敷者《おそろしきもの》は乱気者なり。それは道理の外なる儀の者たる故なり然れども。乱気といえば、隠れなき友人と用心して覚悟するぞ。酒狂にて気の違うは人も油断もし、義理をも言い合いするに、酒を呑み俄に気違えは用心

もならぬなり。いつ違うべきも難計《はかりがた》ければ、誠は気違より猶恐敷事《おそろしきこと》なり。唯いうと思うべからず、第一汝等に大なる損徳のある処を聞すべし。仮部にも近習《きんじゅ》の事外へ洩れて、（近習の事外へ洩らさざるは家々の作法なり）何者か洩らしたると詮義せんに、何も疑敷《うたがわし》からぬ者の内にも何某は酒を飲む者なれば、興に乗じて言いたるべしと言われなば如何すべき、増して常に酒を呑み、口数減多者というあらば逃るべからず。能々《よくよく》考え見よとなり。（同上　一三三八―一三三九頁）

と実に酒は無用なり。と鋭く狂気なることをとき、殊に近習の秘密が、酒から漏洩されることを、如実にしているは考うべきことである。隠密スパイの暗躍は今も昔もかわりなく、軍機の秘密は酒からもれて、これにかぎつけられることは最も酒間に於いて多いのである。

元禄年中の事である。信寿《のぶひさ》が上御用人、見習家老次席として勤番の時、二尺の腰屏風を立て、弁当を使い、安逸体にて、酒を用いたということから、信政に聞こえ、たとえ藩主の親しき間柄とて、上にあって法令を乱すを叱して、津軽城三の丸に三十日閉門《へいもん》仰付けて、下々のみせしめにした。

佐々木小太膳は大酒高名の者で、非番の時には数盃を傾けていた。夜中城内へ召出した。しかして明朝不容易《よういならざる》困難なる用件を命じた。酒気多くして御前に出たのであるから、皆記憶しているかどうか、心配したのであるが、明朝一刻も違えずにやった。これは酒に酔える時の武士が、一大事出来の際など非常に具える、酒のいましめであったのである。

かく酒について制令を下し、訓誡をし、自ら禁酒の手本を示したことから、上のよき風は下に移り、一藩の風儀粛正に、興隆上に偉績を挙げたのである。

元より酒を呑むことなくして、乱舞等は曾てありし事なし。
公御食事の時といえども、御側廻りの人々に常に御噺にも、皆人々の心得となることのみ御語り遊ばさる。

まことに信政の平生を物語るものであり、禁酒の名君であり、淳朴《じゅんぼく》にして篤実なりし人である。また云っている。

情欲飲酒に心魂を奪われ、誠を失うは武道の心懸け薄きより、ケ様の迷いを生ずるものなり。

（『貞享軌範録』六一）

とはまことに至言である。信政禁酒の善政は、よく藩風を矯正し、我が国の辺境津軽の粗野なる風儀を改善したのである。その如何なるものであったかは、左の文句が語る処によっても知られるであろう。

御霊社様（信政）御代より御家中風俗改まり、行儀作法も調い、人に目鼻もあらたに附候様に成申《なりもうし》候と、古き人申し候いき。——中略——火難、盗難、その外酒狂いたずら者なく、いずれも平生安堵仕るなり。

（『明君夜話近士口伝集』二）

以て、その禁酒の業績を証することが出来よう。

上杉鷹山

上杉鷹山《ようざん》は日向高鍋《たかなべ》より、出羽の米沢藩に入りて上杉を為襲いだのである。年僅十七歳にして封をついだ。当時の米沢藩の財政は窮乏して、上下艱難を極めていた。ここに民風刷心を図らんとした。その行績のかずかずに至っては、まことに一代の明君である。治政の上に於いて酒に関するものを鷹山公世紀より抜いて示せば、

(一) 明和七年旱魃に付、酒造停止

去年中旱魃、米穀不足に付て、自然と高値に相成り、諸人迷惑に及び候由、当年も旱魃打続候節は弥以、四民可及難儀《なんぎにおよぶべく》候間、当夏酒造御停止被仰出《おおせいだされ》候。然処残酒有之《これあり》候に付て、重き祝の節は売酒御免御役成、隠居、家督、婚礼の三ケ条者に限り、諸士並町在共に三升ずつ、可相求《あいもとむべく》候事

(二) 安永二年十月二十九日、旱魃御届書進達、酒造停止　(『世紀』一五六)

(三) 天明三年九月二十四凶作に付、酒醸造糀、その他穀造の菓子類及豆腐納豆を停止す

(『世紀』九六二)

（四）天明三年十一月二十七日酒酢造等の禁制　重て御締

先達、酒、酢、糀、その外米麦にて拵え候菓子を始め、蒸菓子、随って豆腐、納豆等、御停止被仰付《おおせつけられ》候。此段は今年凶作に付、人命の危を御救の為め、被仰出《おおせいだされ》候処、その弁も無之《これなし》、隠々致商売《しょうばいいたし》候者有之《これある》由、不屈至極に候。依之《これによりて》已来、御停止を破り候者、於有之《これあるにおいて》は、当人一類、家並組合検断、与頭肝煎《きもいりくみがしら》組頭共に、過料御取立被仰付《おおせつけらる》筈に付、兼て不心得無之《これなき》様に、前迄懇に可申渡《もうしわたすべき》事

（同上　三〇五）

（五）天明五年九月二十四日町家端々の不行跡取締

近来町家、または端々に於いて、隠れ隠れ男女相混し、酒興相催し候、上売女同然不義の振舞有

（同上　三四〇）

（六）寛政元年閏六十四日　四民節倹令

一、親みの参会には、必不事立《かならずことだてせず》軽きもてなしにて交るべく候。年賀、厄年、或いは日待、月待等のもてなし、これまた軽く可致《いたすべく》候。尤も多人数を催し、酔狂の振舞は前々御停止に候事

百姓
飲食遊興をのみ専らとせる無益の打寄、多人数相会する事無用たるべし
一、婚礼の饗、一汁一菜、酒の肴、軽き二種、客多人数に及ばず
町人
酔狂禁
（同上　四一六）
同年七月二十一日僧侶へ節倹令
一、食膳の事、仏に供するに至ては、宗派の定も有べければ、これまた御制禁の外に候。雖然《しかれども》平日自らその身に供せんには勿論、会集の饗に至ては一汁一菜、宗旨に依てはもし酒を用いる事あらば、吸物共に軽き一、二種を限とすべき事
（同上　四二〇）

（七）寛政八年五月七日葬祭心得方、発布

法要
一、僧中への賄《まかない》は一汁一菜たるべく、酒は出すまじく候
一、右の続、葬家へ見舞贈物の事も心得させ候様にとの御事に候。不幸を傷むの

余り、見舞音信と唱て、飯或いは菓子酒等数人の客へ饗応すべき程の贈物致す事有之《これあり》喪家は幾許も閑静に有之度《これありたき》事に候処、却て騒がしめ喪家の情を破り無本意事に候。然し愁嘆を察して愁にとならば誠の手土産という程に可有之《これあるべし》、酒は必無用に致させ候様にとの御事に候

（同上　五六五―五六六）

（八）文化九年違作に付酒造停止

四民一統粥糠を用ゆべき旨被仰出《おおせいだされ》、公、常に御酒を好ませられず、寒気の節に至れば、御腹養の為とて、醴酒を造らせ夜中召し上るを例とせられしに、酒造停止の令出てたる時、上に在る者親しくその令を守らずしては、以て下を率ゆべからずと、醴酒の醸造を差留らる。斉定《なりさだ》公是を聞かせられ、御老年の御身斯斗《かばか》りの事何かあるべき、薬用酒と云えば、誰人にも許し与うるなり。御養生の為め、御遠慮あるべからずと再々勧められしも、猶御許諾なかりしかば、特に御使を以て糯米《もちごめ》と糀《こうじ》とを進ぜられ、只管勧め願わせらる。公その孝心に感じ、その御勧めに従わせられし。

以上が米沢藩治時代に下した法令である。醸造停止令が四回出され、仏事禁酒令、四民節倹令の如き如何に真剣にありしかが伺われる。米沢藩侯となりて疲弊困倦の有様の中から、炭火の消えかかりたるを辛苦おこして、そこに藩政復興の機微を握った鷹山である。「為せば成る。為さねばならぬ何事も、成らぬは人の為さぬなりけり」の歌は、よくその面目を喝破している。自らは酒を飲まず、一汁一菜綿服で終始して、範を示したことは、その高い徳行の程が偲ばれる。文化十年不作について酒造停止令を出したる際、寒中の薬用酒のことをも差留め「上に在る者、親しくその令を守らずしては以て下を率ゆべからず」との確き信念の下に、再三すすめたが断乎辞し、遂にその斉定の孝心に免じて許したという如き、まことに上にある者の心せねばならぬ手本である。酒の如きまことに上にある者の風、よく下に流れるのである。慎しむべきは人の上に立つ者の行儀である。鷹山の治績については、かく制酒の民政を行ったことから、殖産興業に意を注いで、もとの如き貧乏藩から一躍富強を誇るに至り、天下の明君と称せられる業績をあげた。禁酒と共に特筆すべきものは、藩内赤湯温泉《あかゆおんせん》の鍋と称する娼婦を一掃し、廃娼運動を断行したことである。

鷹山の酒に対する厳訓は随処に見るのである。相模勝凞《かつひろ》の病気順快、床上の祝に、野芹一篇を書いて過度の飲酒が病因となりしこと、過飲の害を説き、自らは過飲にあらずと思っても「士庶人の上は一体の生稟も健に有之《これあり》、常に身を労し候者故、少々致過飲候共《かいんいたしそうらえども》、また能酒毒をも消しさして、その害を受け得ぬにて候。王侯貴人の上は生稟も薄弱に有之《これあり》、身骨を労し候事無之《これなき》者故、士庶人に比して過飲とも不相見《あいみざり》候得共《そうらえども》、その酒毒に打たれ候事多く有之《これあり》候。此処心を用い不申《もうさず》候えば、存外に過ち候事有之《これあり》候。その上御宴興と申せば、いつとても深夜に相及候。後夜御通飲被成《なされ》、そのままその酒力に依って一時快く休め給うに似候《そうら》え共《ども》、その弊必ず積っていつかは疾を得給う事可恐《おそるべき》事にて候」と親切にいましめているのは、さすがに鷹山の面目が思われる。壁書の中にも飲食酔飽の談と題して、飲食を貪り都《かつ》て調味の善悪噺を禁じ、「為せばなるなさねばならぬ何事も成らぬは人の為さぬなりけり」と書している。

奉行職竹俣美作当綱《たけまたみなさかまさつな》は鷹山善政の主宰として大功のあったものである。初は一汁一菜、倹素を守って惰農奸吏《だのうかんり》を懲らし、孝悌《こうてい》力田を賞したが、後に至って藩内小松の豪農の家に於いて八月十二十三日、藩祖謙信公の忌日にあたって、長夜の宴を行い、座中に屏風を廻《めぐ》らし、その中に灯火を点じ、灯火未だ滅せざる中は十二日なりと、平然酒宴を続けたことから、遂に天明元年十一月二十九日隠居押を命ぜられ、当職を免じて禁錮に処したのである。

上杉家古来の家風として、藩祖の忌日には、君公直拝であり、直拝出来ざる場合は、城代の代参あるのみで、他人に礼拝を許さなかった。君公参拝の時は数日前より斎戒沐浴、精進別火をなし、謹厳端粛、その類を見ざる程であった。この時にあたり、執政の主班として酒宴にふけった不謹慎の行為をなしたる廉を以て、一代の功臣を退官せしめ、法の尊重を示したのであった。

鷹山の一代に於ける禁酒事業には、種々意義深いものがある。藩政改革、財政整理、民風矯正の先駆として、禁酒に着目したことは見るべきものである。

松平定信

松平定信は即ち白河楽翁《しらかわらくおう》にして、江戸時代を代表する治績をあげた寛政の改革者である。年二十六歳にして白河藩主となった。この年は天明の大飢饉であり、浅間山は大爆発をなして降灰、冷雨続いて何十万の餓死者を出した大天災の年である。当時白河の状況はその自筆『宇下の人言《うげのひとごと》』に記せる「白川凶年にして万頃一毛なし、俄に飢饉よと云いたれど、城下に儲《たくわ》えし米もなし。その頃までは家中酒興を好みて侈《おご》りしかば、ある米もみな飢饉の到るべしとも知らざりければ、売り販《ひさ》ぎたり。城下さの如くなれば城外の民家は更らなり、皆人束手して死を待つなどまことに嘆かわしき様なり」（『宇下の人言』三）とある。この天明凶年の劈頭に襲封、難局にあたったのである。まず白河藩財政整理にあたり、自ら範を示して、膳部《ぜんぶ》は朝夕一汁一菜、昼は一汁二菜とし、衣服は木綿を着用したのである。この時に制令して、

「質素倹約は予を以て手本とせよ。もし予にしてこれに違わば、汝等またこれに背け。然らずして汝等予に背き、倹約の本旨に悖《もと》るが如き行動をなさば、当に法に従って処罰すべし。過去に於ける失行不正は予の周知する所にあらず、予はただ厳に将来を戒むるのみ」

（『楽翁公伝』五二）

という実に森厳なる堅い決意の下になされたので、「予を以て手本とせよ。もし予にしてこれに違わば、倹等もまたこれに背け」。実にこの決意決断こそ人の上たる者の道念でなければならぬ。直にその年制定されたる白河家訓十三箇条の言々句々は、実に肺腑をついて出ずる概がある。

一、近時諸士の集合に当たりて、常に美酒佳肴《かこう》を陳《つら》ね、或いは放言高談し、或いは妄りに他人を褒貶《ほうへん》し、或いは婦女子に戯れ、或いは三絃を弄び、終には狂乱痴態を演ずる者ありという。苟《いやしく》も武士たる者のなすべき所業にあらず。士の交りは礼儀を正しくし、食事は質素たるべきなり。

と家中の酒宴を禁じている。先にも記せる如く、飢饉の儲えもなく酒興に侈り、只一時の興に明日を思わざりし困窮はこの上にかかったのである。

まず財政改革の第一として酒制を出したのである。上の行う処、下これにならいて、この禁酒の範は果たして実行せられ、翌《あ》くる天明四年は豊作であったが、

家中酒飲ものも酒宴等はなす事はなし

（『宇下の人言』二―七）

とある。定信の制令がよく徹底したことを見るのである。

更に当直の初番振舞を禁じている。これはまことに弊害であって、困ったことであった。まずここにも着目して、

当直の輩、初番振舞とて、召し出されて初めて、当直する日には、役寮へ酒肴を携え、また私宅へ同勤を招きて酒膳を出して馳走す、聊《いささ》か粗略のことあれば勤仕の伝達もなく、されば過失あることを恐れて、各々《おのおの》費を厭わず、滋味珍肴を設くる習と成り来りし事、年久しかりしに、此頃禁ぜられしより、宅の振舞もなく、番所にて一壺の酒もなく、新役の者、先輩に諂諛《ざんてん》なく、古役もまた、新参を軽蔑せざれば事故なくして互に勤務専一となれり。

（『御行状記料』第二―六―七）

と。酒を禁じて「事故なく勤務専一なり」とある。まことに然るべきことである。酒ぬきの勤番こそ味うべきよき先例ではある。従って酒なくして賄路内請が止んだことを次に記している。

世間の風に靡《なび》きて、藩中まで賄路の行われ、市中貪利の徒、役家へ諂諛してして音物を厚くし、または酒楼へ伴いて、内願を囁き、自ら不正潔に成行きしを、上、正しければ、下、廉恥の心起こりて、非義の贈物を受けず、また我身を修め慎み、猥《みだ》りに出世を望む者なし。されば有司の門戸に人跡少なく下役まで貸聴なし。

（『御行状記料』第二一八一）

酒をたって賄路止み、「上正しければ下廉恥の心起こりて、非義の贈物を受けず」とある。禁酒の余徳というべきであろう。身を以て範を示したこの力は偉大である。

次に天明三年十一月十六日の『家中法度書』の修正であるが、定信は何事も年来のものを仕来りとしているを替えることを好まず、内二箇所を改めた。

家中の面々文武忠信とありしを忠孝、

酒三盃過すべからずというを酒を過して士道を失うべからずと聊か替え給うのみ。

とある。まこと酒三盃という如き言葉は、酒飲に誤解せられてある言葉である。この改正は士道といい、実に明快適切である。

定信の事業に最もよき補佐役となったものは白河に近き浜街道泉城主本多弾正忠籌《ただかず》である。まことに定信と形影相従うた信友の間柄であった。忠籌の治績はまた、一汁一菜、綿服を被着して治政につとめ、そのまことの心から民を化して、ある酒飲爺を感化、酒杯から離れしめ、一粒の米をおし頂いて食べた逸話を残した明君なることは諸書に記述する所である。後に定信の老中として台閣《たいかく》に列するや、登用して事にあたったのは有名な話である。二人の関係を見るに「真に英雄信友のちぎりを結ぶ」といい

弾正の為人は古にいう英雄、且つ至って信実深く義ありて物に感ず。すでに孝恭院

殿薨去の節は五十日肴酒をやめ、麻上下にして朝より夜まで端坐してつつしめる如き人なり。

（『宇下の人言』三〇）

予が天明三の冬より政をとりて大なる罪戻《ざいれい》もなく過ごしたるは忠籌朝臣の庇護なり

（同上　一三）

とある如き以て知ることが出来るのである。

若い頃の交友関係に見てもうるわしいのである。当時の重なる交友は、松平伊豆守信明《のぶあきら》、戸田采女正《うねめのかみ》氏教《うじのり》、松平紀伊守信道《のぶみち》、堀田豊前守正穀《まさざね》、加納遠江守《とうとうみのかみ》久周《ひさのり》、本多弾正大弼《だいひつ》忠籌、本多肥後守忠可《ただよし》、松平越後守康致《やすちか》、松平唯之進頼徳《よりのり》、牧野備前守忠精《ただきよ》、奥平大膳大夫《だいぜんたいふ》、牧野佐渡守宣成《ふさしげ》等でいずれも若き憂国の諸侯である。「公儀の御政務おぼつかなき事のみ多かり。よって常々心をいたむ」。これによって、会合しては各々如何に政をせばよからんと相議したのである。これ等諸侯は「みななしたい来、刎頸《ふんけい》の交をなす」とあれば、如何に親密信実の関係にあったかがわかるのである。これ等の会合には「よて饗応馳走などなすこともなし、終日膝を交えて人道政事のことを物語りす」と宇下の人言にはある（頁三〇）。これ等交友の賢侯接客の有様は『御《おん》行状《ぎょうじょう》記料《きりょう》』が具に物語っている。

肥後侯へ行かせ給いし時、御膳の焼物は一尾の魚物を二つに切りて、頭の方を客に参らせ、尾を主に出して、節倹の中なれば廉略なりとて断りぬ。津山侯にては何時も豆腐の御汁なり。或御方此方には豆腐より外になきやと戯に宣いければ好嗜の品あらば各々宅にて物し給え。我交りは飲食をもて興とはせじと答え給いしとぞ。此一端にて淡然なる御有様は知られけり。此方へ来居て終日の御対話の時も、茶菓のみ、御膳一汁二菜なり。酒肴出し給う事なし。此頃世上奢侈にして殊に食饌には美を尽す習となりしに、斯は為し給いぬ。

（『御行状記料』第一）

とある。この交友関係が如何に自覚せる酒なしの集りであったかは、まことに注目すべき事柄である。「我交りは飲食をもて興とはせじ」。一切酒ぬきなればこそ、当時の幕府政治の乱れをも匡救せんとこそ出来るのである。

白河藩にある間治政の見るべきかずかずを挙げたが、天明七年には三十歳にして老中に任ぜられ、将軍家斉を補佐して幕政に参与したのである。これは田沼意次《おきつぐ》父子の失政のあと天下の乱れを改めて幕政を張ったのである。当時は旗本家人は軽佻浮薄にして、節操廉恥地を掃い、遊里に足をふみいれて、日夜遊興にふけり、酔歩蹣跚《すいほまんさん》長羽織を著け、袴を穿《うが》たず、一本の脇差を腰にしていたといわれる。諸大名は病気と称して在府し、奢侈遊興にして日を送る。従って庶民もまたこの風になずんで聊かも緊張なき時代となった。安永年間より天明にかけて、しきりに天災地変は続出して、飢饉の甚だしき餓死者、数を知らざるの有様となったのである。この時代を諷して

一、酒宴遊興妻妾に懸って出役志るる事

一、酒味を好み人に施すことは嫌い、隠居仕兼る事

（『蚊やり文』二〇四）

と、田沼専権時代の悪弊を言っている。以て当時の世相が推測されるのである。この

時にあたって三十歳の青年宰相定信の登用は実に深甚の意気を感ぜしめらる。天明七年六月十九日老中となりて初登城したが、この老中となるは、まことに必死の覚悟で幕政改革に乗り出したのである。大聖歓喜天に祈誓したその心の如何なるものであったかは左の願文によって知られる。

予つねに袴きて拝す。只天下泰平の事を祈り、予此職を持して建議御為ならずば予を殺し給うべし、予がなせし事神慮に応ぜずとて災を下し給う事なかれ。予を殺し給うとも、予が妻子を殺し給うともして、天下の災を止め給えとの事、一日に大概七度八度、或いは十度ほどかつ東照宮を念じ奉るなり

（『楽翁公伝』一〇五）

一身並びに妻子の身命をもかけて、国利民福の為にせんとしたその決心覚悟の程はまことに尊いことである。

天明八年正月二日松平越中守義一命を懸けて心願仕《つかまつり》候。当年米穀融通宜しく格別の高直これなく下々難儀仕らず安堵静謐仕、並びに金穀御融通宜しく御威信御仁恵下々へ行届候様に越中守一命は勿論の事妻子の一命も懸け奉り候て必死に奉心願候事

かくて種々なる改革を困難なる中に断行したのである。諸悪の根源なる酒については最も深く注意を払う処となり、殊に酒造は米価騰貴の一因である。飯米以外に米を消耗する。依って定信就任の年天明七年七月二日老中水野出羽守忠友《ただとも》の名を以て大目附松浦和泉守へ布令を発して

諸国の造酒儀、近年米穀下直の事無之《これなし》、米直段高直にて下々の者及難儀候《なんぎにおよび》趣《おもむき》相聞候、間諸国ともこれまで造り来候酒作米高の内半石は酒作相止、仕来候酒作株の分酒作の儀可為無用旨《ようになるべき》、去年中相触候処、当年の儀は別して米穀払底に付、追て及沙汰候《さたにおよび》酒作高の内三分二相止、三分一酒作可致候《いたすべく》。もし於致隠作《おんさくいたすにおいては》はそ

の当人は勿論、その所の役人迄吟味の上、急度可申付候《もうしつくべく》条、心得違無之《これなき》様、御料はその所の奉行御代官並に御預所、私領は領主地頭より早々可相触候《あいふるべく》。
未六月
右之通可被相触《あいふらるべく》候
別紙触書之通、酒造米高の内半石相止、半石分は可致酒造《しゆぞういたすべき》旨、去年相布令候所内高仕入は夥しき事に有之《これある》由に付、畢竟奉行御代官領主糺方不行届等閑故の儀と相聞候、当年の儀は別て米穀払底に付、尚更作高減少申布令候間、酒作の当人は勿論、その所の役人迄心得違無之《これなき》様奉行御代官領主地頭にて一々遂吟味作高相違無之《これなき》様可申付《もうしつくべく》候
と、造酒額を三分の一に減額せしめ、八年もまた市場の在米の少なきを以て同一減額令を励行した。その後豊年続き寛政二年に至り、酒造減石の為に困窮する者あらば具陳すべしと達せられしも、翌年秋暴風洪水にあい、直ちに減額令厳守を令し、同六年十月酒造額を三分の二に増加し、翌年十月旧に復したのである。

寛政六年十月の三分の二醸酒令により江戸に入荷せる酒樽数

伊丹	九万	池田	四万
大坂	三万四千	伝法	二万八千
尼崎	六千四百	今津	三万二千
西宮	五万六千	灘	二十四万
播磨	千三百	河内	千二百
山城	二千二百	丹波	四百
和泉	一万二千	尾張	十万
伊勢	二百	参河	四万二千
美濃	二万	紀伊	千二百

右の十一箇国以外の入津は固く禁じたのである。酒を禁ぜんとした理由、酒価暴騰によって飲酒者を少なくせんとしたことは注目すべきことである。

また酒造というものはことに近世多くなりたり。元禄の造高を今にては株高という。その前三分一などには減りけるが米下直なりければその株高の内は勝手に造るべしと被仰出《おおせいだされ》しを、株は名目にてただ如何程も造るべきことと思い違えしよりして今は造高と株とは二つに分れて十石の株より百石造るものあり、万石もつくるもあり、之によって酉年の頃より諸国の酒造を糺したるに、元禄造高よりも今の三分の一の造高は一倍の余も多きなり、西国辺より江戸へ来る酒如何程とも知れず、これが為に金銀東より西へ移るも如何程という事を知らず、之によって或る浦賀中川にて酒樽を改めなんという御制度は出しなり

これまた東西の勢を位よりせんの術にして、只米の潰れなんとて厭うのみにて非ず侍るなり、関東にて酒を造り出すべき旨被仰出《おおせいだされ》候も、また関西の酒を改めなば、酒価騰貴せんが為なりけり。殊に酒というものは高ければ飲むことも少なく、安ければ飲むこと多し。日用の品の物価の平なるを願う類とは均しからざれば、多く入来れば多く費え、少なければ少なし。

（『宇下の人言』八二）

普通物価は低減をはかりつつも、酒価の高きをよしとなし、関西酒樽を検査して江戸に入ることを防いだ如きは、これによって酒価の騰貴をはかったのである。高ければ従って飲む者が少なくなるからである。以上は経済上の酒であるが、次に風紀の粛正に対してまず旗本の倹約令を発して

「家督相続または嫁娶《かしゅ》の時の外には吸物及び酒を用いるを禁ず」

更に士風の振興として従来武士の口論または酒狂に乗じて犯せる殺人罪の処分寛大いに失せる弊害の多きにかんがみ、武士の横暴を制し、人民の危害を除かん為に寛政元年にはこの種の殺人犯には切腹を命じたのである。『責善集』の中に、

人を殺してその吟味にあうときは、酒に酔いて始末不覚などのがれごとをいうものもまたあり、酒をのみて本心をうしなうは、人をきらでも、人をうちたたかずしても罪すべし。況んや本心をうしない、その上にわけも覚えず人を殺すときは、百姓町人のためにも死刑はのがれ難き道理、武道に於いて殺すときはその時宜によって罪なきのみか賞もあるべし、然るに酒というによって死刑にも至るなり、

武士の死すべき場にのぞみて、酒のためなどのがれごとを設くるたましいににてはとても士にはあらねば、乞食非人のために解死人同様、死罪はのがるべからず。

「酒の上と」いう遁辞をいたく排撃して、武士道にあるまじき根性魂といっているのはまことにしかるべきことである。飲酒の上といえば、悪事ものがれるとした悪慣習の上に、この酒狂厳罰の挙に出たことは特筆すべきことである。

次に武士たるものの酒の飲み様を示していう、

ことに飲酒は古《いにしえ》より戒《いまし》め垂れおく事にて、ひたすらにくみていえば、狂薬にして佳味にあらずともいう。されども「無量不及乱《はかりなけれどらんにおよばず》」[論語]なんどとも聞えたれば、人情に背きていいたく絶つべき物にはあらず。その量というものも、人によりてたとえば三杯をかぎる五杯を過るというにも及ばず、ただめぐりよく少しい心地になるほどを度とすべし。それとても日々におよべば、湿熱薫蒸《しつねつくんじょう》して病を生ず。只酒のみて常にかわらぬようにかわらぬようにと念々たえずしてのむべし。

すでに君前にて酔わず、わが家にかえり酔の覚するを以てもみるべし。一杯うくるたびにも酔いて常を変ぜじ。宴中一語を出すにも酔いて常を変ぜじ、一動するにも酔いて常を変ぜじと、念々不絶おもうべし。折々は宴中ひそかに物などかきおきて酔いさめてみるべし。筆力運動少しも平常にたがいたらば常を失いたると思いて慎むべし。酔うための酒なんどといいて、隠者なんどのいうはともあれ、君につかえ、父母につかえ、官事にあずかるものかつつきも重きも、わずかの間もうちわすれて酒のみてすむべきものにあらず。もし酔いたるとき士道に恥ずべき事などし出したらば酒の上とてすておくべきものか。つねの心得たがいたるよりは、もとめて酒のみて、その酒のために本心うしない不埒はたらき、また恥辱うけ、君へ奉る士道のけがれ出来たる。わが求めてなす処なれば罪猶重し、俗人はこれを酒に託すればかろき事に思う。かくの如く物の道理によりても、心得たがいたる事あれば、よくよく修行すべき事なり。あまきもの好んでくろうも、からきもの好んで喰うもその性なり。酒をこのむとて一慨にあしきというにはあらず、常を変ぜじとこそ心得べきを第一とす。されども常に変ぜじとする中にも酒のめばおのずから失費を生じ、小身のやから酒のむによって今日のくらしもさしつかえがちなる、これら甚だ心得違いたる事にて、飲食の情欲に本心をうしないたるなり。その外酒によって夜深くいねず、ついには朝もおそく起き出で常度を変じ、またはいわでもすむ事をも言い出し、聞かでもすむ事をきき出し、或いは軽薄の風におち入り、風流にながれ、甚しきに至りては国家をうしなうにもいたるよくこの箇条を心にとめて、心にといたずねて慎しみいましむべき事なり。

実に酒誡の至言といわねばならぬ。更に酒飲は敬をうしなうことについてつまびらかに書いている。酒を飲む年齢についても

酒は三十歳前後よりはかくべつ、まずはいらぬものなり、養生にならぬのみならず、大いに害あるなり。

（『夜鶴筆叢』）

この他随処に酒害をといて至切なるかくの如きはないのである。

寛政五年七月二十二日老中を辞した。この間よく田沼悪政を匡正《きようせい》して、幕府の威権を振興したことはまことに意義深甚を覚えるのである。定信は徳川時代政治家中、最もよく酒に注目し、種々の観点より、これを制令したことの偉功は没してならぬのである。天明の大凶荒の後をうけて、江戸市中物価の高騰になやんだ時に、町費の節減をはかり、その節減より積立金は明治七年に及び、金額百七十万両に達し、東京養育院東京府庁その他大事業がこの費用から支弁せられたる、まことに東京市として忘れることの出来ぬ大恩人であったのである。

野中兼山

野中兼山《けんざん》は土佐藩主山内忠義《ただよし》に仕えて、寛永十三年十一月、二十二歳にして奉行職を命ぜられ、寛文三年秋、四十九歳にして逝去するまで前後二十八年、藩宰として土佐藩の上に、絶大の功績を残した人である。当時の土佐は山内氏入国の後間もないことであり、久しき戦乱の後をうけて、土地人民共に荒廃し国力疲弊せる時であった。ここに奉行とし執政の権を握るや、諸般の方面に改革断行をなし、済世安民、国家百年の大計を樹立せんとした。財政の整理、税制の改革、開墾開拓事業、治水灌漑《かんがい》、築港築堤、殖産興業、風俗の矯正、学術の鼓吹、勤倹貯蓄の奨励等、凡百の事業にわたり、その遠大なる計画を実行し、後には土佐二十四万石は実質五十万石の内容を有する富強の大藩とならしめ、その遺業は後世の人々をして深く渇仰せしめているのである。兼山のとった政策中、酒の問題についてはすこぶる厳法度を布いて、藩政改革の障りとなるを制したのである。寛永二十年六月三日、自らの領地本山の人民に令した十一箇条の掟に於いて、

一、三分一百姓取米之内も、秋冬は雑炊その他何にてもたべ可申《もうすべく》候。春迄貯えず秋冬の内むざむざと飲酒に仕、たべ候わば可成敗《せいばいすべく》候
庄屋方へ吟味仕、背くもの於有之《これあるにおいては》は、急度可申聞《もうしきくべく》候。隠し置候わば後日に聞とどけ候共《そうらえども》、庄屋可為曲言《くせごとたるべき》事

一、酒買たべ申間敷《もうすまじく》候、附、朝寝仕間敷《つかまつるまじく》候。相背候わば為過怠《かたいのため》銀子三匁宛《もんめずつ》可召置《めしおくべき》事

一、検見さいそくに遣候者賄いの事
飯汁の外一つも調べ申間敷《もうすまじく》候。不及申《もうすにおよばず》、酒、堅出し申間敷《もうすまじき》事
本山庄屋次郎右衛門
惣百姓中
(『野中兼山』　九八頁)

食物は農繁の際はよき物を食べ、その他農閑期には粗米、雑炊を食うべく、むざむざ秋冬の中に米穀を食して、農繁労働の際に粗食をしてその活動を減じてはならぬ。まして酒にして飲むことは厳禁である。酒を貪って飲むことを許さず。背くものは過怠銀三匁、また検見の役人に酒食振舞うことを致させない。

ついで寛文二年十二月二日、国中に令したる掟は十四ケ条

一、百姓男女の事蹟を毎月令　吟味候えと申儀は、今までは百姓諸代物を御城下、或いは浜方へ持来商候て酒肴に大方は仕候故、渡世の便には不成《ならず》候間、向後堅く金銀末売買可　仕《つかまつるべき》事

農夫が作物を市へ持ち出して売ってこれを酒に代うることは渡世上為にならぬ。よって禁制し、百姓の酒を禁じたのである。

次に酒に対しては、兼山の賦税の意義は、奢侈品である。全国の酒戸を定め、酒株特許の報酬として重税を課している。

彼の酒税を重課したるが如きは、奢侈禁止主義に属するものなり。不完全ながら渠《かれ》は当時にありて、早く酒、煙草、その他苟も生産に直接の利益なく、国財を空しく消耗するが如き奢侈品に重税を課するは非法の事にあらず、否な人民が節約し得べき奢侈品を消費するは、即ち之によって一種の快楽を貪るものなれば、斯る商品に重税を課するは、至当の事なりとの主義を持して、まず酒屋制限の制を立て、特許法を設けしと共に、その営業者に重税を賦課せり。これの如きは即ちこれ一種の国家社会政策を現実にせるものと謂つべし。……中略……即ち渠が全国の酒屋に課した運上は、一戸銀三十五貫目なれば、百八十（制限高）の酒屋より得たる処は六千三百貫に上りたる次第なり。この他、猶、渠は酒の原料たる麴に向って一戸銀七貫八百目の運上を徴し、また酒の小売を為すに際し、一舛に付銀一分の消費税を課し、猶、酔客に向っては、各々その酔加減により三匁、五匁、十匁の科料的課税をも為せりと伝う。（『偉人野中兼山』一八五―一八六頁）

と『偉人野中兼山』の著者は書いている。兼山の卓見、実に驚くべきものである。

全国の酒戸制限を行ったのは慶安四年である。土佐一国に百八十戸を定め、人民をして飽酔《ほうすい》に陥らしめざらんとした。且つ酒を買わんとする者は庄屋の証明書を要したのである。在郷へ酒を買って行くことは堅き法度であり、何でも入用な酒ならば庄屋へ行って証明を貰ってもって行ったのである。

寛文三年には高知と在郷との境、即ち街道の入口に関所を置いて番をした。在郷の者、または山分の者が酒を買うて行くか、または山分より茶紙を持って高知へ来るかを見るためである。酒を買うて山分へ帰るものも、証明書即ち切手あればよいのである。その切手は、

道切手

一、酒何升何合也

右は何村何右衛門入用に付其元番所御通し可被成候《なさるべく》以上

年　号　月　日

何　村　庄　屋

何右衛門判

御番所衆

とあった。更に土佐の諺には「赤面三匁、千鳥足十匁、なま酔五匁」といった。土佐の幣制は八十文を以て一匁となす故に泥酔には則ち八百文を徴せられたわけであり、如何に酒法度の厳なりしかが知られるのである。

兼山のかく酒を禁止したる高圧手段ともいうべきものは、罪悪の根源は飲酒にあることを知ったからである。苟《いやしく》も国政の立て直しに於いて、飲酒にて風俗を害し、怠惰を生じ、遊蕩にふけり奢侈に陥る如きことあっては、国家綱紀の弛緩である。この故にまず酒を禁止し、よく一国の財政を立て直し、その治政二十八年の功績はまことに見るべく、今日土佐が兼山の事業に蒙る恩恵の如何に至大なるか。実に彼の達見には驚くべきものがある。

その他の諸侯と良吏藩宰

禁酒制酒を以て民政の治績を挙げた諸侯の代表者として以上津軽信政、上杉鷹山、松平定信、野中兼山をあげたが、この外、名君といわれる者には禁酒の治政をなしたるものは少なくはないのである。

出雲松江の城主となった有名なる松平不昧《ふまい》公（本名治郷《はるさと》）は宗衍《むねのぶ》が七年疾病の為に帰国せず、国政衰微した後を受けて入部しその不如意の財政を立て直した中興者である。不昧公は茶人として天下高名の人であることは云うまでもないが、酒を嗜まず、酒の制令を出してよく治績をあげたのである。十七才にして国主となった明和四年に布令を出し

酒色乱に之なき様相守らるべき事

としてある。治郷入国してより老臣朝日丹波茂保《しげやす》を重用して国政を委ね、丹心報国の一念を以て困難なる財政の立て直しを断行した。丹波もまたその治国譜に

一、郡々の酒屋を減じ往還端の茶店に止むること

制酒の断行者であった。

水戸藩には徳川光圀《みつくに》が出てまた酒を深く注意した。自らは酒豪であったが、沈酔することなく厳然として少しも乱れる所がなく、対抗する者もない程であった。仏事禁酒を断行し

死人を寺に葬る時、その送り来るものに、寺にて酒を勧むるは大なる僻事《ひがごと》なり、元来寺へは門内へ酒を入るべからず、況《いわん》や酒は人をよろこばしむるものにて祝儀

の時すすむるものなり、この大なる憂の時、何の楽ありてか酒を用んや

（『西山公随筆』）

といっている。また倹約令を発しては自らも酒量を減じて上に立つ者として範を示している。精進ということを生涯実行した人であった。

西山公《せいざんこう》若き時御老後まで御精進の節は御別間に御入、朝夕の御膳一汁一菜の廉食を被召上《めしあがられ》、役人に命じて酒壺を封緘《ふうかん》せしめ料理塩梅にも酒を禁じ給い、一切の御遊興御詩歌さえあそばされず候

その御したしみの近き遠きにより御年忌または毎年の御祥忌には一七日或いは三日或いは宵より御精進潔斎なされ候、その節の御つつしみの堅き事右の如し

（『桃源遺事』）

光圀についで水戸の名君とうたわれた徳川斉昭《なりあき》にも論書があって大酒すべからざる

ことを布令している。

備前岡山藩の名君池田光政《みつまさ》は酒肆制限令を発して、酒を制限している、これには熊沢蕃山《ばんざん》の建策《けんさく》が与えて力あったというべく、同じく美作津山の松平康哉《やすちか》の仏事禁止令

一、御家中は不及申《もうすにおよばず》、町在不残《のこらず》仏事に酒取扱候儀堅御制禁仰出候

とあり、ついで同じく藩主松平康乂《やすはる》も禁酒の名君であった。

御酒不被召上《めしあがられず》、御側向御遊宴杯とて、少しも無御座《ござなく》候上、斯様に被為在《あらせられ》候事故、その風自然と下々に迄及び、遊興酒さわぎ仕候のも無御座《ござなく》候

（『厳恭公遺事』）

とある。更に熊本藩の名君細川重賢《しげかた》、金沢藩に前田綱紀《つなのり》があり、会津藩に保科正之《ほしなまさゆき》がある。もっと深く探求せば善事美事は枚挙に遑がないであろう。

次は諸侯ではないが江川太郎左衛門の治績に見てもわかるのである。我国洋式兵学の大家であり、伊豆韮山《にらやま》の代官として治績をあげている。自ら一汁一菜粗衣粗食に甘んじて範を示し、村吏の会飲集饌《しゅうせん》を禁じ、ついで甲州代官となっては自ら禁酒の範を示して万事簡易を旨とした、人呼んで「世直江川大明神」といったにみてもわかるのである。

水戸の郡宰小宮山昌秀《まさひで》が常州の紅葉村を難邑としていずれも困難したものを振興した如き、いずれも禁酒に根ざしているのである。紅葉村に乗り込んで郡衛を移して村長を呼び、農を勧め、飲酒を禁じ、博奕を禁じ、自ら流悌《りゅうてい》してその正しきに向けしめんとした。夜は人をつかわして飲酒、博奕を検ぜしめ、さすがの難村をして数年ならずして感化矯正したことは偉大である。その在職は二十三年の長きに渉ったのである。

(8) 禁酒村の先駆

大原幽学の教化と禁酒手本村

下総国香取郡長部《ながべ》村に深き教化を及ぼして、風儀粛正と民風作興とに不滅の偉績を残したものは、大原幽学《ゆうがく》の力である。幽学の教化はなお燦然《さんぜん》として輝き、長部には、今日なお、その教化が伝えられ、冠婚葬祭に、一切酒を用いず、餅を以て代用し、禁酒の実行が継続されて、区民一致の下に百年貯金と称して、一箇月毎戸金六銭ずつの貯金が実行されているのである。

大原幽学は寛政九年に名古屋に生まれ、後、遊方して、この関東の長部に来たって講学したのである。当時の関東一円は荒《すさ》みたる風儀で、なかんずく、下総地方にあっては、博徒の横行甚だしく、長部附近には有名なる大親分笹川の繁蔵、飯岡の助五郎あり。いずれも縄張を以て、侠気に名をかりて、良民を苦しめていたのである。従ってその悪風は一般に深くしみこんで、抜くべからざるものがあった。

長部村は所謂純農村でなく、名主伊兵衛の家を除いて他は余業木挽《きこり》渡世の者ばかりで、半ば百姓半ば木挽という有様で、農閑期には木挽として諸国を経廻って来て、悪風俗を村内に齎《もたら》し、甚だ宣しからざる有様であった。この地に大原幽学が足をとどめて、性理学を講じ、改心楼を作り暗夜を輝らす光明灯となったのは偉大なる出現であった。実に幽学は天禀の教育者であった。その教化の平易通俗にして、俚耳《りじ》に入り易く、熱烈なる信念と感化力の偉大さとは、遂にこの村を木挽渡世をとどめて、純農村として一村を挽回し救い上げ、全く天下の模範村としたのであった。

幽学も初めは少量の寝酒を用い「酒は量なし、乱に及ばず」の儒教主義の節酒観であったが、或る時門人が「少量の寝酒は一般に差支なきや」と問うた。幽学は沈思黙考すること数刻にして、

「余、寝酒を飲み、而して最愛する汝等に飲む勿れというは忍びない。されど汝等に寝酒を許すとすれば、汝等の子弟を始め、門人全体の寝酒を禁ずるわけには行かぬ。それ酒を節するを得るのは、精神の堅固なる人に限る。常人にあっては、一杯

を口に入るれば、二杯三杯を要求し、遂には数十杯を乞い、果ては乱酔に至るを常とす。恐るべきは酒である。されど余にして飲む上は如何とも詮なし、依って今日より、余は断然寝酒を廃止すべければ、汝等も飲みたき心を起す勿れ」としみじみと訓諭したのである。「節酒は精神堅固なる人に限る」、常人のなし得べきでないとしたのはさすがに卓見幽学ではある。人の師として断然禁酒の範をたれ、従って門人一同も、禁酒実行し、この性理学派は禁酒一色に特徴づけられたのである。

また幽学は田舎の集合を改良することには夙《すで》に意見を有していた。組合互助法を定めて、今日の産業組合の先駆者である。また耕作の改良、社会改善に資し、少年大会、青年会、婦人会等をはじめて、互いに非行を改めさせた。その著、『道徳百話』の中に、「日待、子安講等に集合するもその方法を得ざれば甚だ悪し」とて、

日待を為して村内の男ども集合して、修身斉家《しゅうしんせいか》の事を話し、また種々の実験談を為すはこれが為めに村中和熟となりて宜しきことなりと雖も、日待を為すも、飲酒飲食専らにして修身斉家の事などは少しもこれを談ずる者無く、自己の実験談

は風俗懐乱の話などをしてこれを手柄顔する者あるは往々見る処なりとす。また女子供に於いても子安講にかこつけ、飲食を専らにし、是処に五人、彼処に三人と謂う如くして、自分の夫の陰言や、父母の厳確なることを訴うる而已《のみ》にて、折角和熟の為めの集合も変じて、井戸端会議の弊風と化せん而已。嗚呼嘆ずべきの至りならずや。男子に於いても女子に於いても集合するのは、和熟となる為めなれば、今より集会する度毎に、道かまた忠臣孝子の事蹟とか、或いはまた自己の農作物に関する実験談などを語り、従来の弊を改むべし。然らざれば集合する事を廃すべきなり。

（『幽学全書』第三巻「道徳百話」一二六）

といっている。これは今も昔もかわらぬ世相の実情である。村民相集って酒を飲むは、田舎の唯一の楽しみともいうべきものであるが、これによって風俗を乱す振舞をいましめ、村民会合の和熟の本旨から、高尚なる趣味に導こうとした所に幽学の苦心がある。会合の席上へ、掲ぐる二幅として

第一幅
酒に酔うべからず
人の悪を探して罵るべからず
差し出かましき行為のあるまじき事
饒舌すべからず
人の話は静に聴くべき事
道友相互の誓約は必ず守るべき

第二幅には
道也者《は》、不可須臾離也《しゆもはなれべからざるなり》
不語怪力乱申《かいりよくらんしんをかたらず》（飯田『大原幽学』一六八）

これを掲げて、会合の箴としたのである。

幽学の教化の程は、かなり頑迷《がんめい》不霊《ふれい》の徒をも改心させて、禁酒にひきいれている。御尋に付き嘉永五年六月、中山誠一郎外三名宛に出した書付に見てもわかる。「譬家は滅亡候共《そうらえども》、子孫永続不致《いたらず》候共《そうらえども》、不幸に相成候共《そうらえども》、酒は相止め難き抔《など》と申者有之《これあり》、困入、その段幽学へ申談候処、未だ実意少なき故、自分より能々《よくよく》改め勤め候後可申諭《さとしもうすべく》、右教之道、相守勤め候処、段々改心帰伏し候者多く相成り、人々これ迄不幸せし事、後悔致様相成、村方隠和に相成、潰れ百姓取立候儀にて改心楼と名付、教導の儀字八石と唱候」（千葉県内務部編『大原幽学』六五―六六）とある。この書付を差出した名主見習良左衛門もまた改心教化を受けた一人である。

禁酒して父母を喜ばした林嘉兵衛に対して幽学自ら

　　富士見みる黄金が原の小春かな

と扇子に書いて与え、また親に孝行を尽したということを喜んで

寒梅に口紅さしつ日の出かな

ど書き与え、且つその親へは御酒料さえ贈ったといわれている。

次に酒をいましめ、酒に対する注意を見るに、本多元俊に与えた「医師生涯心得の事」に

飲酒生涯禁之事

とある。また「家内破と成る種の有えし。また破とならすとも没落する種多し」。これは九ケ条に縮めて示している。慢心、吝嗇《りんしょく》、色欲、飲酒、疑惑、肩吝、愛溺、薄情、浮気とある。なかんずく飲酒を解説して、
トロリとして喉のグビリとするその儘の魂生生也、凝て締り無く、募て乱心す。

と、その他酒誡の文字は実に至れり尽せりであるが、ここには割愛する。幽学の講義はいわゆる、学と行との分離した所のものではない。所謂「書物芸者」ではなく、自ら実践の範を垂れ、実に臨機応変、巧なる説法は、さすがの村民をして尽く、この門に入らしめた。荒んだ長部の村は全く一変して、善良なる村として甦生した。領主清水郷から嘉永元年に「手本村として褒美金を受けている。全く禁酒村として立て来った本旨の然らしむる所である。

道友の内、神酒に至るまで、酒は一口にても、呑み候者一人も無御座《ござなく》、並に男女共、祝儀不幸の外は髪結候にも、麻元結にて銭出し候元結一切用不申《もうさず》、且つまた諸振舞、道友一統禁事申候。尤も婚礼の節、仲人の外客一切不仕《つかまつらず》候。村方道友に於いて身持悪者一人も無御座《ござなく》候。幷於隣村にも、一ケ村も不和の村無御座《ござなく》候。

（千葉県内務部編『大原幽学』三六二）

と名主伊兵衛代見習良左衛門が差し出した書付によっても、この手本村の如何によく、酒なき所に村の平和郷が将来され、その感化は隣村に及んでいるを見ても知られるのである。

されど寸善尺魔《すんぜんしゃくま》というか、善をなす所には必ず、悪魔がこれをくじかんとするのである。

大原幽学の偉大なる感化は、当時にあって刮目すべき瓦石に混ずる珠玉であった。性理教舎は不穏なりとして、嘉永四年四月十八日、鏑木村吏の手先、鏑木栄助等外四人が、教会に至り、幽学に面会を求め、或いは強いて入門を乞い、禁酒の教場に酒樽を持ち込んで、台所から土瓶を取り出し、酒のかんをして呑み合い、はては先生に酒を進上などいい、教導場禁酒の趣を名主見習良左衛門が断るも、種々悪口雑言し、是非幽学に面会を強要した。幽学が栄助にあうや、近寄って酒をすすめた。けれどもそれに取り合ずして、用向を尋ねたが、結局は村吏を笠にきて、多額の賄賂を要求したのであった。教会の拒絶にあうや、性理教会は異端邪説を教うとしいたのである。かくて幽学は謹慎を命ぜられたのであったが、安政五年正月十日、許されて長部村に帰るや、自刃して果てたのである。時に六十二歳であった。

幽学の死は、村人に非常に感動を与え、その死をむなしからしめず、衣鉢《いはつ》は相承されて、その教化の流禁酒の美風は今日もなお輝いているのである。連中誓約に見るも、師をはなれてなお教旨を守る操守が見られる。

一、大酒

追加、

一、瘡疱《ほうそう》はしか或いは厄除、風祭神事、祟祀、念仏の類にかこつけ、狂言、手踊り浄瑠璃、長唄、三味線の類い、総て心のうかる所付、日待庚申子安講の類にかこつけ、酒類美味等一切催す間敷《まじく》候事　（飯田『大原幽学』六七）

陶山訥庵の治績と酒法度

陶山訥庵《すやまとつあん》は対馬国の郡代として、元禄十二年より、宝永五年まで郡代をつとめて治績をあげた。それは殲猪《せんちょ》による田害を防いだことと、酒法度である。殊に農政の大家であり、その遺著には見るべき所がある。

対馬は玄海の島国で、天恵に薄き小下国である。飯米の如きも従って田地が少なく、朝鮮から買うか、他国から移入せねば、やって行けぬのである。一度天災飢饉等に見舞われんか、実に惨状を呈するのである。しかるに島民はこの尊い米穀のことを知らずに、酒を醸し、飲んで安逸を貪っている。ここに思いを致して元禄十六年に酒法度を出した。

郷村の百姓その村神祭りの用ならでは、濁酒を造り不申《もうさず》、その郷の薬用では焼酒を造り不申《もうさず》、神楽用、養生用、元服、婚礼、家作、船作り等の祝事の用、年始孟《う》蘭盆《らぼん》の用ならでは、府中より清酒焼酒を買い不申《もうさず》、府中より清酒焼酒を買い候節は、毎度郡役所の証文を受け、その郷薬用の焼酒は奉役居村の肝煎《きもいり》方にて造り置き、穀物を代りに取り候て相渡し候得と申し付け候。

(『日本経済叢書』四巻「口上覚書」三三二)

とある。対馬が島国で、凶年の備えをなす為には、酒の制禁が第一であることに着目したのであった。濁酒焼酒を漫りに造らぬこと、清酒を多く買わぬこと、これを厳重にしたのである。濁酒焼酒を漫りに造らせない為にとった方策は、郡代から足軽を不時に郷村に遣わして、家小屋に濁酒焼酒の有る無しを検分させ、しかも段々に見せるのでなく、不意に差し遣わし、用捨宥免《ようしゃゆうめん》のない様厳密に申し付けた。この訥庵勤役の中で背反したものが二人あった。

その一人は足軽が見出した時に、濁酒ではなく酢であると申し立てた。それを奉役家の前で三日晒し、遠郷の給人永代の下人、子供にまで及ぼした。他の一人は上方抱の下男が、年季満ちて、その村の坊司になっていたものが、焼酒を隠して置いたのが、知れて村中七日間の晒し者になった。この厳刑を行ったことは訥庵としては「刑罰の法立て、後教化が行われる、徳を尊びて、刑を尊ばざる道理はない」というのがその主眼である。

郷村に府中より清酒を買うは、神楽用、養生用、元服、婚礼、家作、船作り等の節、郡役所の証文にて分量を定めて差紙によって買うことを許し、他は一切禁制したので、府中の酒屋糀屋、郷村に売酒した小売商人から、商売の利益減少、町人困窮を訴え、百姓も心のままに酒を用いられぬことから、飲酒せざれば、精力少なく、耕作の働き成り難しと云い触らし、酒屋糀屋、酒売商人と同前に、郡代を非難した。その時に訥庵のいったのが面白い。

郷村の者酒を、多く飲みて農業に怠り、下百姓共酒の代物に諸色銀子を払いて手前差間、牛馬の仕替え、農具の修覆も人並に仕り得不申《もうさず》、耕作の仕形悪く、穀物の取り高少なく成り候、検分は不軽《かろからぬ》事にて可有御座《ござあるべく》候。然《さ》ば郷村に酒の禁制有之《これあり》候て、酒屋、糀屋、酒売りの小売商、人の利得減じ候分数よりは、下百姓共、以前の様に酒を買不申《かいもうさざる》代りに、農具、衣服、家財等を買い、諸商買人、諸職人の利得増し候分数却て多きにて可有御座《ござあるべく》候。諸商売人、諸職人の利分増し候は心に叶候事故、何の沙汰をも不申《もうさず》、酒屋、糀屋、酒の小商売人の利分減じ候は心に叶不申《もうさざる》事、種々の沙汰を申候と相聞え、これ皆自然の勢にて不珍《めずらしからざる》事に御座候。

百姓にこの酒の禁制を厳しくいうわけは、凶年の備えである。全対馬の安全の為、利益の為である。

禁酒の利益は莫大なる国益である。されば小利大損の酒屋側の寝言をきいては居れぬのである。更に凶年に至って米の如何ともし難くなった時を考えてみる時に、この酒屋等の非難に聞いてはいられないのである。この訥庵十年の治績は大いにあがり、十年の間に死刑者を唯一人出しただけに見てもわかるのである。

『士穀談』に酒を禁じたことから、百姓が酒を自由に飲めぬので、寒中の山の働き、海の働きが以前の様になし難く、酒を飲めば、精力増し、耕作の働に益ありといったに対し、これに詢々として説明しているのは趣味ある文であるから引用する。

郷村にて酒を自由に飲みたる時の事を聞きけるに、寒中に山の働きするは蕎麦の粉を水にてこね、押し平らめて、火に焼き、また糯粉に大豆を少し交えたるを右の如くし、火気あるを二枚も三枚も、布木綿の切れに包みて懐中し、腹に当てぬれば、その火気にて腹も温かに成り、腹の温か成るにて包みたる物冷ゆることなく、働きて疲れける時は、包みたる物を二度にも三度にも食し、海村の者の寒中に海の働きするは、船にての事なるゆえ、湯わかすにも、飯に湯つけて喰うにも差し支えなく、下戸の働き上戸に劣れることはなかりしと聞く。寒中に烏賊を釣るは上戸の働き下戸に勝さると云うことを聞きたることもあり、船にての事なれば、幾度も酒を温めて飲むにてあるべし。下戸は温かなる湯漬飯を食うべき故、その働き上戸に劣るべしとは思われず、仮令《たとい》下戸の烏賊を釣り取ること少しは上戸に劣るとも、上戸の酔い醒めなき様に飲み続くる酒の代銀と、下戸の寒を凌ぐ様に湯漬飯をくう米の代銀をくらべたらば、酒買う代銀、必ず米買う代銀よりは多く、上戸の烏賊を釣ること少しは下戸に勝るとも、その勝さる分利益とは見ゆまじ。暖気の時、暑気の時に、清酒を飲み、焼酒を飲みて耕作の働きすれば、息せわしく咽《のど》かわき、水ある処まで行きて水を飲むこと度々なるゆえ、耕作の働きは下戸却て勝さると云うを聞きたるなり。吾が聞き違え、心得違えなるかと云えるにその百姓答うるなし。

それから

吾また、云えるは、酒法度のなき以前は家内の衣服の用の乏しからぬ者ばかり、濁酒、焼酒を造り、清酒を買い、家内の衣食の用の乏しき者は濁酒焼酒をも造らず、清酒をも買わざるかと云えるに、その百姓答うることなし。

とある。対馬国は陶山鈍翁《すやまどんおう》の力によって、見るべき治績を止めたのである。この頃朝鮮にも禁酒制のことが発令され、「朝鮮にも陶山庄右衛門（訥庵）が出来まして酒法度に成りました」と訳官に語っているのも、この影響であるかも知れぬ。

（『訥庵先生事蹟』同上巻十三頁六八〇）

近江永久寺村庄屋源蔵の一村再興

近江永久寺村は坂田郡六荘村字永久寺のことである。天明六年の大飢饉は実に凄惨なるもので、至る所に餓死者を出した程であった。この村も将軍からの賑給米を二百俵賜ったのである。永久寺村は高六百八十石の寒郷で、村の田地は四十余箇町抵当として、銀二十貫を他村から借りていた。従って作米はそれだけ他村へ出るわけで、年々村は貧乏してゆくのみであった。天明の大飢饉から二百俵の賑給米を見て、庄屋源蔵は考える処があった。このままに推移する時は村は疲弊一方である。何とかして一村興復をしたいと確い念願を持っていたのである。そこで村の横目並に組頭を集めて、

「今度の恩恵は誠に天の賜である。これを以て困窮の根をたたずんば、今後何の時があろう。伝え聞く、六、七十年前にも、お上から米四百俵を賜いしことがあったそうだ。けれどもその験嘗てない。上物は百姓たるもののなすべき持前であるに、却てお上から賜うことは外国にも聞かぬことである。その恩徳は言葉に尽し難い。然るに往昔これを疎にせし故、天罰にて今日一村かかる困窮に及んだのである。然るに天なお我村を捨て給わずして、此の如き大仁憐を施し給うことは有難しというも愚かなことである。然るになおこれは疎略にしたならば、実に天罰は恐るべきことである。よって一村一和して、お上の大恩恵に報せねばならぬ」

といった。集っていたものいずれもこれを然るべきこととして、

「此上は如何様の趣法にても守るべし。以後頭衆の仰せには毛頭違背す間敷《まじ》」

という誓約を立て、一村男女共に一致協力したのである。ここに於いて右の二百俵を、村民の決意を告げて銀主に渡した処が、銀主もその志に応じて、相対の上で、二十貫余の借金元利を米二百俵にて済切にし、借証文を戻したのである。

これから右の戻り田地を一村総作りとなし、まず禁酒を断行したのである。各自村民は格別倹約を守り、戸毎に男女老幼銘々、応分の縄薦、ならびに草履、草鞋作等を農作外の仕事として営み、これを庄屋に持ち出して、毎日組頭立合改の上、帳面に記し、また既に返済した二十貫目の借金は、今もあるものと見做して、組合へそれぞれ割り付け、銀百匁に付、米四合ずつ利息と名付け、組頭へ取立積累したのである。また水便の悪い田を村民申し合せて、労力奉仕を以て開発して美田とし、また湧水にて困る田地を適当に水抜きを作る等、村田の拡張をはかったのである。

更に禁酒を断行して、いかなる時にも酒を用いず、氏神にも神酒を供えず、湯の花を献ずるのみにて祭礼のしるしとし、男女共他村に縁付いている者も別に招きて饗応せず、盆正月にも餅をつかず、これを一村和合一如して実行したのである。

ここに禁酒の実績はあらわれて、今までの借金村、貧乏村は変じて、近郷有数の富村となった。僅か四箇年にして余米百俵余出来たので、これを奉行所に献じたのである。代官所ではこの米を他村に賃借し、この利米を永く村の財産として積み立て、潤いある村となったのである。寛政二年庄屋横目並に組頭十四人は奉行所に於いて賞せられ、褒賞として米若干を賜った。これは見るべき禁酒の実績で、河合谷村を見る如き観がある。

(『民政史稿』「制治民政篇下」三三三―三三四)

遠江浜名郡村櫛堀野代官の酒専売

嘉永年間に遠江国浜名郡村櫛《むらくし》附近は震災があって、浜名湖の沿岸は浸水の害を被り、村櫛村民は非常に生計に大困難を来すに至った。時の代官は堀野義重《よししげ》であった。これが賑済の策を立て、嘉永元年二月に「酒専売仕法掟」を制定して、これを励行したのである。救済方法は禁酒にあることを考え、最初は全く酒の売買を禁じたのであるが、更にゆるめて村の専売としたのである。

その方法は酒の販売を村営事業として、酒会所を村中に設けて、現金制度を立て、

居酒《いざけ》、茶碗酒を一切売らぬこと
夕方まで売り、夜分は売らぬこと

を定め、この外個人私として、酒を売ることを厳禁し、この専売より得たる収益を以て、村費支弁にあて、もし余りあれば貧民の救助費に充てたのである。

酒会所はその後廃れたが、今は消防組がこれを掌《つかさど》り、酒専売は今日もなお継続されていると聞く。その掟を見るに

村方酒専売仕法掟
一、承り候に、酒は古来より神を祭り、老人を助け、病を除くと申す事に候。尤

も酒は少々ずつ飲めば気血をめぐらし、寒さを防ぎ、心配を消し、言葉をよくし、身を丈夫にする故に、百薬のかしらと申す事に候。しかし多く飲み過ぐれば、銭金を費し、法を破り、第一不行跡に及び、終には家作等まで人手に渡し、且つまた病を生じ命を失うなり。その悪きこと仲々申し尽し難し。

右之通り承り候間、一向村中の酒会所と申すを一箇所相建て、村役人世話致し候て売渡候方、村内の為に可相成《あいなるべし》と存じ候に付則ち仕方左の通り

一、右酒代利益金にて諸入用差引候とも余り金有之《これあり》候。さて此余り金を以て村内中の高掛り等の入用に差加え可申《もうすべく》、尤も不足の分はこれまで通り取り集め申事。但し高掛り等へ差加え候ても、万一その上にも、余り金有之《これあり》候節は、その向きにより村中難渋の者等への助けに可致《いたすべく》候事

一、下々と申者は右様の仕法相立候えば、ヤレ年内の諸掛りは酒にてあるの、何のと悪評等致し矢張自身の職分に怠り候義有之《これあり》候も難計《はかりがたく》、右様の次第にては以ての外の事故、此儀は堅く無之《これなき》様村役人可申聞《もうしきくべく》候様致度《いたしたく》候事

なおこれには次の如き覚え書を付して、酒を制限したる意味を見ることがわかる。

先達取極候通り、年限中堅く相守可申《もうすべき》事
一、現銀の事
但居酒茶碗酒、一切売不申《もうさず》候事
一、夕方限り夜分は売出不申《もうさず》候事
右の道に御座候也
　申七月　　　　　　　　　　　　　　村役人
（『民政史稿』「制治民政篇」下　四一九―四二一）

八丈島の五箇年禁酒

太平洋上、絶海の孤島八丈島は罪人の遠島にて有名なる島である。寛政十年六月、島方困窮に付、立て直しの為に五箇年の禁酒が断行せられた。今日残されたる「島方取締上五人組合心得書」によっていると、五箇年間酒造することを禁じている。これ

に関係ある項目をのみ挙げると

一、神事仏事並に川浚い、御船網打等の節、事に依り酒造致し候儀失費多く候間、此段相止め申すべく候。酒造の制禁はこれまで度々仰せられ候も之ある様に相聞え以ての外の事に候。

但し正月の儀は一年一度の祝いに候わば、島桝二升を限り酒造致すべし。これまた貧窮の者は分限に応じ申すべし。尤もその節、村役人取計らい跡々《あとあと》差し支えに相成るべき者は指留め致させ、酒造申間敷候《もうすまじくそうろう》。右の外、神事、仏事、祝儀等の酒造は五ケ年の間、厳重相止め申すべし。百姓集り年番にて酒造致し候事などは永く相成らず候。右の通りにては、身元相応の者は殊の外不自由成る様に存ずべく候え共《ども》、島方困窮に立ち直し候様にとの公儀の厚き御仁恵の程得と会得致し候わば、中々相背き候存じ寄りは出で間敷《まじく》、その上拠どころなき筋は、正月の為に酒造も相成候事如何《いか》許《ばか》りの悦びに候や、此処能々《よくよく》相考え違失これなき様致すべく候。

一、例年十一月、村民神祭礼の節、以後は氏子共より米ハタゴ一杯（二合五勺入り枡）を限り心差し次第、その村役人方之取集め、卜部（神職）へ相渡し、祭礼入用に致すべく候。右米寄り高に準じ、これまた三舛を限り酒造致し、外に一升限り酒餅米に取替え餅をつき、備えに致し、神前へ相供し、祭礼相済み候後、右備えを裁分け、氏子一統へ洩れざる様相配り申すべく候。

左候わば暗愚の者まで氏神を尊敬致し候儀も相弁え申すべく候。但し神事に托し多分に酒造致し候類これ有り候わば別事内々にて酒造致し候類なく届かざる候間、此段別して村役人、五人組合までも心得違いこれなき様一同申し合されべく候。

一、略（防風上並木を伐る事の禁令）

一、百姓方、屋根葺替の事は最寄最寄にて二、三十軒ずつ組み合い、新規並に繕い等まで順番にて助け合い致し候様致すべく候。但し居屋、蔵、牛屋の外、或いは臨時の繕い等は一切一己の力にて取り賄い申すべく候。尤も右の節、仕来りの入用相止め有り合せの芋、薩摩芋等を昼食に致し、成るべくだけ入用相掛けざる様、実意に申し合せ致すべく候。もし相背き、身元相成候とて抜け出で、多分の入用相掛け候儀相聞え候においては、その者は糺の上申立候条相心得違失致す間敷《まじく》候。

一、略（耕作出精）

一、略　五人組合

一、困窮の島方毎々大造成の御手当下し置かされ候処、平日相弁え候て困窮の遠慮致し慎しみ候者は少なく、且は仰せ渡され等弁えず酒造致候儀これあり愚昧の事共を、なおまた、御仁恵深く不便に思し召され、困窮御立直しの御趣意にて種々御世話これ有り、島方改正仰せ出され候段一同有難く承知致すべく候。右御趣意の通り行届き候わば、困窮も立直り候てと心得、その事急度相守り申す可《べ》し。以後申渡し候儀を等閑致し候者は、第一御趣意にも振れ、旁々《かたがた》以て一統への害にも相成候事にこれ有り候間、拠《よ》ろなき筋も御役所へその段申立候に付、得と勘弁致し、諸事申し渡し候儀相守り申すべき事。

一、略博奕

右箇条の趣き違失これ無き様、作方世話人に書付相渡置き候間、一ケ月三度ずつ作方世話人宅へ最寄最寄にて五人組合頭、並に組子共寄合い、箇条書承り可《べ》く候。作方世話人は申すに及ばず、組頭は毎朝怠りなく組子作付、或いは糞し仕立方、並に家内取治め等見回り、組合一同親子睦《むつま》じ間敷き様申し教え可《べ》く候。これまで島方惰弱の仕癖にて、申し渡し等閑に相成り取治め行届き兼ね候間、以後申し渡しを相背き候者は決して容赦の沙汰に及ばず早速同地へ申し立つるに付心得違いの者これあり候には、その節に至り、不能の事に候間、兼ねて書付け相渡し置き候、別段にその意を得可《うべ》く候事。

寛政十午六日

取締役

地作人

作方世話人

五人組頭中

同　組子

（『禁酒の日本』一六九号昭和八年十一月小塩氏）

八丈島困窮立て直しの為に、神事、仏事、祝儀等の際、酒造を五ケ年禁止し、正月のみ島枡二升で酒造を許すというのである。また氏神祭礼の時は米ハタゴ二合五勺入を氏子が差し出して神職の下へ集め、三升を限り神酒を作り、一升で神前への備え餅をつくらせ、内々密蔵を堅く禁じたのである。

また屋根葺等の時に酒を出すこととを禁じ、有り合わせのもので間にあわせる。要は島方の復興にあるのだから、この改正の趣意をよくわきまえる様、殊に月三回の寄合をして、この五人組合心得書をよみ聞かせ犯すことのない様にと、実に入念なる書きぶりであるこの結果については、記録が手元にないから不明であるが、五ケ年禁酒の断行という英断に全島を緊張せしめたことは見るべき業績である。

この先例が立派に達せられたであろうと推測されるものに八丈島末吉村《すえよしむら》が、明治二十三年に三ケ年禁酒を断行して負債二万円を償却したことによってみるも、この五ケ年禁酒は深く島民に銘肝《めいかん》したことと思われる。

伊予成能村民の禁酒

伊予大州城《おおずじよう》から数里を距《へだた》った成能《なるの》村民、二十七戸が団結をして、藩主加藤侯の講学をはじめたを聞くことが出来ないを慨《なげ》いて、ここにこの儘に生活するも惜しいとて、村中集会して、個条を自発的に記し、禁酒村をささやかながらも形成しているは実に見るべき史実である。これは元文五年庚申二月十八日を以て村中連判にて誓約を行っている。

相定の覚

一、近年不作仕、難儀に及び候に付、倩《つらつら》案ずるに、何事によらず、誠薄きゆえ、作方を宜しからざる也、此以後は心に誠を立て身を慎み、我職第一に可《つかまつるべく》仕候。

一、御法度の儀は申すに及ばず、博奕は壱文《いちもん》の掛にても仕《つかまつ》る間敷《まじく》候。

一、耕作念を入れ、その上、仕付けの儀は、打ちより相談致し、時分を考え仕付もうすべく、諸作の下に草木等麁《そ》相《そう》成る者これ有らば、急度改むべく、もしまた病人などこれあり、作方その外手おくれ仕り候わば倶《とも》に加勢仕る可《べ》く候。
一、世間へ罷り出候とも、命じ付られ候通り、衣類改め間敷《まじく》、夏冬に洗濯物、著く仕る可《べ》く候
一、婚礼の儀、他所出会有之《これあら》ば、煖酒《かんしゅ》仕るべく、近処の取組には煖酒も無用に仕る可《べ》く候。
一、諸商売に了簡致し、酒堅く買間敷《かいまじく》候。
一、諸無尽会の儀は相定これ有り、酒代を米に致し、有り切り茶漬にて相調置く可《べ》く候。
一、年始の暖酒は申すに及ばず、只今迄互に祝に酒五合ずつ持参の儀は二三年相延、肴代二十文持参可致《いたすべく》、悔には香代拾壱文ずつ持参可致《いたすべく》候。
一、酒煮売り致す者は家内へ入れ申間敷《もうすまじき》事。
一、親子兄弟は申すに及ばず、その外一家一類諸傍輩、睦《むつま》じく致す可《べ》く事。
一、御庄屋役人中は勿論、諸傍輩に至るまで、口論出入致す間敷《まじ》、若《も》し不得其意《そのいえざり》儀候は、傍輩中へ相談致く埒明可申《もうすべく》候。

右の段々堅く可相守《あいまもるべし》若一人にても背く者有之《これあり》候わば、互に改め可申《もうすべく》候。定書如件《くだんのごとし》。

元文九年庚申二月十八日

村中連判

実に徹底せる定書である。誠心を専らにして、婚礼にも、凶事にも、正月にも、買用いず、全く村から酒をしめ出している。実に禁酒村としてまことに出色のもので、然も村民の自発的決意からこれが決行され断行された処に意義が深い。この村民の決意はやがて郡代に聞こえ、その代官に命じてこの条目書は差出され、遂に領主加藤侯からも賞詞を受けたのである。

（『日本経済叢書』二二巻「正司考祺経済問答秘録」巻十一　三六五―三六六頁）

(9) 西川如見の酒誡

西川如見《じょけん》、名は求林斎といい、長崎の天文学者として名高い。『町人嚢』、『百姓嚢』は有名な著述であって、その中に酒をいましめたる箇条が尠くない。

法師が母という狂言は酔狂する人をいましめたりと見えたり。狐狸《こり》にとりつかれたる人は、はなれて後も諸人いやしめ一分すたれて人まじらいもかなわず。酒にとりつかれて狂乱せしは、醒めてのち人もいやしめず、その人もいつものごとくにて恥るいろもなし。ものの為めに本心を失う事は、狐狸と酒と何ぞことならん。つくづく酒に酔える人を見るに、おのおの本心の病をあらわすなり。生得、柔和正直なる気質の人は、物にしたがいなかれやすき事ありて、酒の為に気血うごき、よろこび笑い舞かなで、うつつなき時は寝てひとりわらい独うたう。或いは気質清情こく、内心に高慢ありて、瞋毒《しんどく》内に蟠《わだかま》れる人、酒酔に依って気血浮み動き、内心の毒気外にもれ出、怒気傲慢顔色にあらわれ、何の事なきに罵怒り、座席の人を敵とし、甚しき時は剣刀を抜きひらめかし、無礼狼藉たとゆるにものなし。平生の人品威儀、温良に見えしも、一時に亡失す。まことに上戸本性あらわすとは、これ等にや。此故に聖人も仏祖も飲酒の戒め甚強しといえとも、末代の儒者、仏者酒を嗜まざるなし。さなきだに好む人多き世に、吉田の法師「下戸ならぬこそ、おのこはよけれ」といい、「色好まざらんおのこは玉の盃の底なきなり」と書き置るを見て、下地はすきなり仰はおもしとさかんにもて興ずる世とは成しなり、つくれる草紙を時の人にもてあそばしめんが為、偏屈なく見て倦かざらしめんとして、先発端に興ある体に書なり。奥にはまた酒と色とをいましめたるもあれど、見る人発端の初一念を執して、奥に心を留る事なし。後文初文を償うにたらず。三百年以来に世の幾人をかそこないきつらんと、いといぶかし。

（『町人嚢底払』下　七—八）

と『徒然草』が広くよまれて、興味をそそる為に下戸ならぬおのこはよけれといったことの、如何に人の心を害ね、飲酒の弊に流れしめたか、その文罪尠からざるを喝破し、後に如何に飲酒の罪悪をしめすとも贖罪にはならぬと云えるるあたりさすがにうなずける。

儒教のいわゆる「酒は量《はかり》なし乱に及ばす」ということについて意見を述べている。

或学者の云「酒は量なし、乱に及ばず」というを悪く心得たる人多し。乱というは酔狂の事なりと思えり。大なる誤なり。乱に及ばずというは、心ゆるまり、形おこたりゆくを乱に及ぶとはいえり。かくのごとくの事に至らざるを乱に及ばずとはいうなり。世俗の人、喧嘩口論、放逸のふるまいをなせるを乱に及ぶと心得たり。これは乱る所の段をこえて、酔狂というものなり。孔子の宣いし乱は酔狂の儀にはあらず。始めは人酒をのみ、中比は酒が酒をのみ、終わりには酒人を飲むとかや、酒が酒飲は乱なり。酒が人を飲むはこれを酔狂とす。易の辞には酒を飲んで首を濡す、また節を不知といえり首を濡すとは酒が酒のむなり。節をしらずとは、おのれが程々のよき加減をしらざる也。酔狂はまた此うえなり。武士は上に主人有故におそれて乱酒する事すくなし。町人は上に主人なき故酒の乱多しといえり。

といって、世の乱ということの考え方の誤りを指適している。また祭礼の美酒佳肴をつらねることが神の御心に叶うかいかに、上代は甘酒にして末代の如き美酒ではない。これを神に供える如何かといっている。酒も煙草と比すれば煙草は酒程の害がないから、せめて酒をやめて煙草をすうてもよしと、論じている。

(10) 三浦梅園の酒誡

三浦梅園《ばいえん》は豊後の大儒にして、その識見高邁《しきけんこうまい》を以て聞こえた人である。酒誡はまことに懇切を極めている。「人は常を大事とすべし」ということを主旨としている。酒がよきか悪しきか、松平信綱の子に飲ましてよきか悪きかの例証を以て、その善悪を計るの尺度としたのは面白い。

松平伊豆守信綱は一時の賢君なりしが、ある夜。咄の序、臣等、酒の徳をのべ君にすすむ。信綱の宣いけるは、汝等みな子あり。その子の悉く酒を呑まん事を願うか。飲ざらん事を願うかと有ければ、臣等暫く黙して居たりしが、子は酒を飲まざらんこそ親のこころやすく候えとこたえける。人の至て愛するは子なり。酒若美物ならば、豈子の呑む事をいとわんや。これ千古の公論というべし。

（梅園全集下巻『梅園叢書』巻之上一二）

いくら酒飲の親でも、愛する子供に酒を飲ましたくないというのが人情である。酒がよきものであるならば、かかることはいうまい。これ酒がよくないことの千古の公論といっているのは正しいことである。

蔡文忠公《さいぶんちゅうこう》が済州に知事となって、日々酣飲《かんいん》していたのを賈存道が詩を作っていましめた。

聖君寵重し龍頭の選に

慈母の恩深し鶴髪垂る
君寵と母恩、倶に未だ報ぜず
酒如し病を成せば悔ゆとも何ぞ追わん

この詩によりて深く反省悔悟し、禁酒したという。梅園これに云く

人の親子たるもの豈に此詩を誦せざるべけんや。（同『養生訓』二七二）

酒色の欲をさけるは、まさに百万の敵を無援の孤城に防ぐの勇がなくてはあやまたざる事難いといっている。

次に人の腸胃の弱きことを述べていう。

人の腸胃はもと禽獣と違い、弱く脆きものなり。その故は禽獣は木の実、草の芽、生うるものきょうとてもそのままにて呑み食いて障ることなし。人は五穀も皮を

去り、糠《ぬか》を除き、魚の肉、草木の実も、唯その肥脆を選び取り、塩に和し、水に浸し、猶火の薫蒸炮炙《くんじょうほうきゅう》をとり、漸く身を養うに堪えたり。さばかり甲斐なき腸胃をもち、禽獣より多欲の性を持し、外衛気の守りを失い、内、限りなき妄念に心を浸し、酒食の欲を極むる事、弊関《へいかん》を瑣《さ》して攻兵の怒《いかり》を益《ます》が如し。豈危きの甚しきにあらずや。

（同　上巻下『養生訓』一一七三）

といい、昔の人は割拠闘争の世なれば、筋骨たくましく、心身剛健であるが、今の世の、太平になれて酒飲みて身体をこわすことは、今の世の人の多病不寿の原因をなすといっている。

酒は心を乱る物故に、仏の教にも五つの戒の一つには数えたり。徳を損い、家産を破り、人の性命をも害する故、書には「酒誥」詩には「賓之初筵《ひんししょえん》」の戒めあり。酔ざめに、酔し頃の物くるわしき心とも思い出でば、露うけじとも思えども、酒杯に向かえば変わる心にて、かく柔脆の腸胃を持ちて、悍猛《かんもう》の気にあたり衛気の怠る処、風湿これを犯し、心神乱るる処、情欲これをいざなう。

（全集　巻下『養生訓』二七四）

とある。かくも弱き腸胃をもちながら、酒杯に向えば、苦しさも、害もわすれて、飲みはじめる。ここに酒の誡しめが必然なのである。

更に酒を御馳走して、これを以て人に徳を損ぜしむることを、何等の心苦しきこととも思われず行われている有様を慨嘆して、

忠節と云う字「礼記」の内に出たり。今の人の飯食の道、客は主人の食をし、酒をしふるを主人の馳走とし、主人も客の機嫌にかなうを主とし、客に酒すすめ、あらぬさまに成れるを馳走と思い、いろある女子ども集め、酒より色とも推うつり、人に徳損なわせ、己も徳損ないて、厚き志しなりと思う。もしさなき時は、賓主ともに無興なりと思うなり。人にもその徳を損なわしめ人の気血を破らせ、

人に病を送り、相共に歓ぶは如何なる事にやあやし。昔、陳敬仲、斉の桓公を饗せしに、日も暮れ、猶興のありければ、燭をともして夜飲をなさんと有りしを、臣日を卜して夜を卜せずとて、宴を徹せし事美談として、今に伝わる事なり。今日かようの事あらば、明友なりとも以ての外の事なるべし。桓公などさまで徳には勝れたる程に称せざれども、昔の人は斯くばかり徳に厚くして、今の人のあるべき事とも思わざる程に、親に仕え、子をそだつるにも、只口腹の欲に、一重に従わずとも忠養の心得第一たるべし。

（同上　二九二）

次に顚倒ということを説いて、この酒のみの箴《いましめ》としたるはまことに千古の名言である。苦しきことを楽しみ、悲しむべきことをよろこび、美しきことを悪と思う処の顚倒夢想から遠離することを主張しているのは面白い。

身の健ならんことを願いて酒肉を縦《ほしいまま》にし、……中略……朝夕、只この顚倒の事をなし、歓さりかなしみ来り、たのしみ尽き患い来たれば有るまじき事の有る様に驚き騒ぎ天をうらみ、人を咎め、水の内より火の出たる様に悔い嘆けども、汝より出たるものの、汝に返ることわりにして、もと天道の常なり。

（同上　二九八）

まことに酒のみの顚倒していることわりをはっきりいい切ってある。人の身体の尊ぶこと酒のために道の器たる人の体を台なしにし、また平素の養生の大事たることを明言せる。

それ人の身体、髪膚《はっぷ》は父母にうけたり。全うして返すは孝の道なり。君が一日の恩を感じ、我百歳の身を献ずるは臣たる者の義なり。然れば口腹安逸の為にその身を病の器となし、上君孝の道をかき、下妻子眷属にもあらぬ思いさせてん事、よくよく思わざるべけんや。養生は平生の用心にして医者の知事にあらず。療治は臨時の設施にして医の任とする処なり。

（同　二七五）

梅園の考え方はまことに人間の尊貴なることの自覚に訴えている。弟子たちも立派に平等に尊貴のものとして見ている。道の器として人間を見る時に、この器を汚し害うものに対して深甚の注意を払って、酒害からまぬかれしめんとした親切心はまことに敬虔にして一世の師表たる学匠といわねばならぬ。言々句々《げんげんくく》まことに味わうべきものがある。医学の立場よりそれぞれ立論して如何に酒害の恐るべきかを思いあたらしめんとしている。人は平生が大切であり、平生の養生が大切であるという処、酒にこの平生をうしなわしめざらんとしたことがうなずかれるのである。

(11) 正司考祺の禁酒論

正司考祺《しょうじこうき》は肥前有田の人で天明四年に生まれ、安政四年六十五才で歿した。商売にして儒者を兼ね、山野の広大なる開拓を行って国産振興を図り、一代にして巨富を積んだ人である。その著『経済問答秘録』三十巻の大者は儒者的立場より、経国済民《けいこくさいみん》の道を論述せるもので単なる机上の学問ではない所に深い意義がある。この中には至る所に禁酒が高調せられ、経国済民の要道に禁酒は不可欠なることを高調している。その卓抜なる識見、厳重なる禁制はまことに掬《きく》すべきものである。今これを要約してみる。

(一) 禁酒は上層より

考祺が禁酒の主張はまず上から示さねばならぬということを強くいっている。清い流れも上から泥土を流せば末澄まぬと同様に、上が悪い手本を示しては如何とも致し難いのである。治者として師長として最も謹慎すべく、殊に徳川時代の如く階級制度厳たる時代にあっては殊に然りである。郷学の師匠となるべき条件の第一としてまず第一下戸を撰むべしと断言している。

郷学の師は……第一下戸を撰むべし、倘師たる者飲酒すれば、子供見習い、一村悉く酒徒と成り、還て悪弊を勧むる囮となるべし、故に学の浅深を論ぜず、まず徳行を糺すべし。

(『経済問答秘録』巻四)

まことに道理ある意見である。今日未成年者禁酒禁煙法があって、その師たるものは少しも反省の色なく、平気でやっているのは浅ましい限りである。学問の伝達でなく、真に人格の陶冶として入るにてその徳行力が生徒に及ばなくてはならぬ。生徒に飲んでならぬものなれば、師は犯してよいという道理は何処にもない、ここに片手落となり、師の人格が資の人格に及ばぬいわゆる一種の蓄音器とならざるを得ぬ。教員禁酒は考祺の論をまつまでもなく必要なるものである。

されば世には愚なる者があって、上のすることは上これに学ぶの例として

また或る郷に大酒内損にて早世す、その子また大酒する故、或る人これを見て、父は大酒にて死を得るゆえ、これを鑑《かんが》み慎むべしと諫《いさ》むれば、これを拒んで、父酒を嗜《し》しに子として父の好める物を嗜《たしな》まざれば、親の意に背く故、これ孝に非ずと益々沈湎《ちんめん》し、遂に酒の為に家を喪《なく》し、また早世す。これらの事君子一たびこれを聞かば攢眉《さんび》嚬額《ひんがん》ことなれども、庶人の愚情は大抵如此《かくのごとし》、是意を考え右の法を立る時は第一師たる者その地に居るゆえ、生長者も自然と風俗改まらば、他邦の

者その彊《きよう》に入て感服し、威名四方に響くべし　（同　上巻　四）

「子として、父の好める物嗜まざれば親の意に背く故これ孝に非ず」と愚論を立ててやめようとしない。こんな例証は世上まことに少なくないのである。親が酒を飲んだから子もまた飲む、これが孝行だなど自認しては以ての外である。かかる者が多い世の中であるから、どうしても、「右の法」とは禁酒の制法を立て、郷学の士が先導して指示教化すれば風俗は自然に改まり、他方を感服せしむるという。これは寔《まこと》に実例が少なくないのである。

教導官を立て、これによって風俗粛正を計ることについて論じている。

教導官を建つるには、五六十以上の者にて第一禁酒謙譲なる者を選むに在り、倘行状悪しければ、却て下の詼嘲《かいちょう》に遇うべし、……その故は本治まれば末の官吏は衆きに及ばず。　（同上　巻六）

上に立つ者が真面目でなく、殊に教導官などが飲酒癖があっては下のあざけりにあう。本治まれば末の官吏は多きを必要とせぬ。まことにその通りである。

次に武士について、四民の上として武士の面目を保つ上から庶民の規標とならねばならぬと強調している。

殊に士人は衆民の規標中へ、君禄の重き事始め、稼穡《かしょく》の労る事を推量して、一粒といえども猥りに費さざるを慎しまば、下また上に倣《なら》うて慎むべし。然れども国の政道変るときは士庶人共に酒弊大いに流行する者なり。故にその邦の盛衰を知らんと欲せば、これを以て察すべし。一切の風俗挙げてこれに従う者なり。

（同　上巻　七）

これはまことに卓見といわねばならぬ。国家の興亡盛衰を計る尺度として酒を以て見よとはまことに至論である。「国家の政道衰るときは士庶人共に酒弊大いに流行する者なり」とは歴史が我等に昭々《しょうしょう》霊々《れいれい》たる史実を繰りひろげて如実に示してくれている。「国の盛衰を知らんと欲せばこれを以て察すべし」実にその通りである。世界いずれの歴史にても酒弊流行時代にその国家が興起したためしはない、村に一家に尽くいずれより見てもこれは千古の真理である。武士は働かずして食べているのであるから一粒米を尊重せよとはまたこれ頂門の一針である。

次に官吏の禁酒を高調して、上より下に流す害毒を防止すべし。

凡諸《ぼんしょ》官署に出入りの商売等、豪欲して動酒という。その子細を問うに、下戸といえども官吏に接するには勤めて飲まざれば親睦せずして攀縁《はんえん》ならずと云、下は上に傚う者ゆえ、官吏に接らば、教えを受けてその徳に化すべきに、利欲の為に行状を頽《たい》すは甚以て歎息すべし、如是自己の非を他に塗るゆえ、官に入る者慎むべき事と思わる。（同上　巻七）

これは今も昔もかわらぬことである。ここに収賄事件がくりかえされて醜を天下にさらすことになるのである。酒間の斡旋によってそれを動機として抜け難き泥沼に陥り行くのである。官吏は上に立つ者故教化徳化で行かねばならぬといっている。

それ河に臨みて魚を羨むは、家に帰りて網を結ぶに如かず。徒《いたずら》に魚を羨むは益なき事、故にその本を治めずんば労して功なし。上たる人酒を嗜めば、士大夫もまた君意に従い、庶人は貴き人さえ此の如し、況んや卑き我曹をやと、遂いに競うて仿傚し、遂に酒弊の俗に火せば、故に上に用ゆる所は日に一升といえども、一国に積れば百千石、然れば上一人にて百千石の飲酒に異ならず、濫觴の小河も末流大江と為る。　（同上　巻八）

根本を治めずして末を憂うのみでは役に立たぬのである。上たるものの手本を示さずば下これにならって害毒はいよいよ甚だしくなるのである。「上に用うる所は日に一升といえども、一国に積れば百千石」ということは実に看過出来ぬことである。

古来の名君といわれた上杉鷹山、松平定信、本多忠籌、津軽信政等の身自ら範を示して禁酒の実行をなした。これがやがて領内を尽く感化を及ぼし、一藩再興が成就した例証は実にこれであり、この事実の裏書に外ならぬのである。一杯の酒盃も心すべきことであるはこの語を再読三読すべきである。

(二) 酒は軍中の禁戒

軍と酒との関係はまことに深く考えねばならぬことである。如何に不覚の例証が酒の油断より生じたかはまことは枚挙に遑がないのである。まして戦争中に、平素嗜んだ酒や煙草に欠乏して、気力失せて行動意の如くならずというに至っては悲しむべき限りである。平素の悪習の薫習とはいえ恐るべき不幸である。考祺は特にこの点を強調して軍中の禁戒なることを喝破しているのである。

酒は軍中の禁戒なり。古今の合戦酒を飲んで不覚を取る者甚多し、平生嗜める者、その期に臨んで禁ずると云は、所詮届く事に非ず、俗に云う蓼《たで》喰う虫は一生蓼喰うと、天下の英雄ならずんば改める事能わずとみゆ。陣中兵糧も一日分渡すは営中に譲酒する故と軍法に載せたり。君恩と民難の二本を推量せば輟《やめ》られる事にも非ず、三寸の舌を以て一時の興を貪るはその心卑劣ゆえなり、我藩祖（寺沢志摩守）の遺訓に酒は三献に致せと宣えり。建国創業の君に大酒と云う者決して無し。亡国の主に下戸と云者決して無し。亡国の主に下戸と云者決して無し、武士は庶民の規標ゆえ一番に改め、富国強兵の基を開くべし。（同上　巻二十六）

とある、決心さえつけばやめられぬものではない。勇気がないから酒がやめられぬのである。「建国創業の君に大酒と云う者決して無し、亡国の主に下戸と云者決して無し」とはまことにその通りである。軍から酒をやめ、とりさらねば本当の勝戦は覚束ない。

武士が大飲によって、大事を敗る例は甚だ多い「酒は軍中の大禁なり」といって小野木三左衛門と安田作兵衛の仇討物語を述べて、これを実証している。

小野三左衛門は近江安土の産まれで、織田信長の小姓をつとめていた。主君信長生害の時、槍をつけたものは安田作兵衛と聞いて、君父の仇を報ぜんと十数年を流浪におくった。三左衛門は生来の酒飲みで、仇を探す中も酒にまぎらし名を酒袋と更めた。

一方安田作兵衛は変名して天野源左衛門と名乗って京都に寓居していた。その中に偶然二人は親しい友達附き合いをし、交誼《こうぎ》を重ねていたが終に肥前唐津の寺沢志摩守に仕官することになり、共に禄を食んだ。それから数年後にして互に仇讐の間であることがわかり、二人共々仕官を致仕《ちし》して二人仇討を決することになった。

酒袋こと小野木三右衛門は、多年求めて歩いた不倶載天の仇敵とここに勝負を決することにあり、非常によろこび勇んで立ち出でた。前祝いのつもりで生来の酒癖から居酒屋で立ちながら酒一升を飲み尽して、槍の名人安田作兵衛に立合った。接刀僅か五、六合にして、酒袋は酒酔の為に足がふらつき躓き倒れた。作兵衛の為にかえって仇討せんとして返討にあったのである。このことを述べてその終わりに次の如く言っている。

惜しいかな年も若く力も強くて、二十年の艱難一時に尽しは、全く平生の酒癖に由れり、斯る忠臣といえども、一失有るゆえその志を遂げず、如是枚挙に遑あらず、これを鑑み、縦《たと》い忠勤するといえども、酒失有りては大事に至を誤る事多きゆえ、平生慎み深く、唯三献に過ぐべからず。

（同上　巻十）

志は主君の仇を復せんという立派なことであったが、悲しいかな酒癖の為にその忠義も立てること能わずして遂に二十年の苦心を水泡に帰せしめた、悪るべきは酒の一失である。酒くらいかと気をゆるめてはならぬのである。真の忠節には酒をやめて大事を誤らせぬ根本が大切であると論じている。

(三) 禁酒の対策

考祺は色々と禁酒制酒の対策に関して、まず医者の禁酒を挙げている。

塾壁に学則禁誡の条目を上より懸け置き、もし媮惰《とうだ》にして大酒を嗜む生徒は廃業して終身鈔匕を禁じ、農工商の版に入るべし。さて高弟より段々撰揚て、已に十年の期を以て反省の時は僧徒の古例に沿って度牒《どちょう》を渡し、故郷に還て開業を許し、その郡に禁酒達術技量の者を医長と為て教令を致させ、毎年孟春に一会して、講習するを定例とし、大酒博賭、浄留利、三絃等嗜む者は諫諍《かんそう》して聴かずんば、親疎なく官に訟えなば、陰風忽然と一変すべし。（同上　巻七）

とあるもまた面白い考え方である。更に医者にして大酒するものは度諜を取上げよとあるも注意すべきである。領中の医者はすべて度牒を渡し……大酒を致さば度牒を取上るべし。（同上　巻七）

次に僧侶の禁酒をあげて、これにいたく弾呵しているのである。

真の僧道は、禅家に食する毎に四句を唱う、一口は一切悪を断ぜんが為に、二口は一切善を修《しゅう》せんが為に、三口は一切の生を度《ど》せんが為に、四口は仏道に回向《えこう》せんが為にと、斯の一食毎にこれを念い、一飯を受けても自身を省みるに、今時の僧は祈禱、供養、送葬等の山海の珍味二ノ膳三ノ膳の饗応を受くれども何んとも思わず、剰《あまつさ》え仏法大禁の飲酒を用ゆれども、十歳の小僧まで辞するという事なし常に飽食す、……戒禁はまず五戒を重しとす、殺生偸盗《せつしょうちゅうとう》、邪婬妄語《じゃいんもうご》飲酒《おんじゅ》なり。また自讃毀他酤酒瞋恚《じさんきたこしゅしんい》、謗三宝慳惜《ぼうさんぼうけんじゃく》これを合わせて十戒と云う。今時の僧これ十戒の中一に戒を持つや、併せて方べて後信仰すべし。（同上　巻十七）

これはまことにもっともなことである。禅家の四句偈文《しくげぶん》の思いを以て食する時は決して酒など飲まれた道理でない。戒業を保つ僧侶の如何によりてこれを信仰せよとは痛棒である。更に

古《いにし》え王代には酒を飲む僧は、還俗を致さする制法なり、門徒も第一禁酒たるべきに、……毎月三度報恩講と付て民家に至て酒宴を催す、斯く民に近づき親しむとみゆ、それ民に教導する身を以て自ら禁戒を破り大酒するゆえ、民も自然と見倣い酒弊大いに流行す。（同上　巻二十）

されば僧侶に酒を売るべからずといっている。

酒肆にて居酒法度……寺院僧侶に売るべからず。　（同上　二十三）

と言っている。仏教禁酒の立前よりせば当然のことである。

次に酒肆を村落に放置せぬことを強調している。村落からこれを移して市町へ置くべしと

酒肆の村落に害有る事は、既に視えたり、郷村を隆んに成し豊登を欲せば、まず一番に酒肆を悉く市町に住楼すべし、遠路に往きては貰る事も叶わず、同村目前に視るゆえ、これを見て絶つ事を得ず、また邑中に貸散し麦大豆摘綿も交易し、已に秋に至れば、未だ貢も輸《おさ》めず酒債に出し、その外農家様々の害あること民間にあらざれば、その実情は士大夫の知る所に非ず。　（同上　巻十二）

農村から酒店を閉め出すことは農村を富ます所以である。目前に酒店を放置して飲むなといってもこれは困難なことである。ないに越したことはない。あるから酒飲の情、

心猿意馬《しんえんいば》の如くに奔りて酒を飲み、とれた農産物を酒の借銭に支払ってしまうこととなる。されば酒肆の農村雑居は「風俗を汚し、民を貧しからしむる者なり」といっている。次に酒の自家醸造を禁制して、

今世間の者、自家に造れば利益有と思うは少欲大損と云う者にて却て多く費し、表より一物を得て裏より二物を失うが如し、故に此を禁ずれば民に利を与ゆる者なり。

まことに至言である。「表より一物を得て、裏より二物を失うが如し」とはその通りである。「畢竟官吏旧制に戻り、聊かの運上に目を触れて遠き慮りなき故なり」とは評して余りあり、

次に酒肆制限の絶好の例証として岡山藩池田光政《みつまさ》の善政を称讃している。岡山藩は三十余万石の大藩であったが、酒肆を国内十四箇所に限定して郷村との雑居を防いだことを非常にほめている。

岡山藩の領地中、牛窓《うしまど》、下津井《しもつい》、片上《かたかみ》、虫明《むしあげ》、和気《わけ》、金川《かながわ》、八浜《はちはま》、周匝《すさい》、建部《たけべ》、天城《あまぎ》、西大寺《さいだいじ》、福岡《ふくおか》、鴨方《かもがた》、岡山に限っているのは見るべく、一箇処にして軒に準ぜば百軒計《ばか》りで、一郡に一箇所の割合になり、醸酒《じょうしゅ》の量もまた非常に少ないことが推察せられるのである。これを、「富国の善制」といっているのである（同上　巻九）。考祺が主張する所のものは

酒肆には屈酒法度、煮売致さず、受売に渡すべからず、寺院僧侶に売るべからず。（同上　巻二十三）

とあり更に

酒肆は千戸に二軒、十万戸に二百軒（同上　巻二十三）

という限度を主張しているのは興味ある考え方である。下男を使って酒を与えず、之

に禁酒代金を給することを実行したと述べているのはさすがに考祺である。

奴僕の給金は禁酒に致し、その代を加えて究る事令を下さば、互に利潤法なり、一日に十五銭にしても、一年に五貫四百文、身を売る者はこれにて随分衣類は事足れり、口ゆえ身を労するは無益の事ゆえ、余が家数人の奴僕を使い、是法を試みるに、奴僕等後には大いに悦服す。是令一統厳に行れなば、身を売る者領中いずれに往ても易らざる故、無己事下戸と成り、口を減じて身を暖るに非ずや、是法風俗を改め、富饒《ふじょう》を闢《ひら》く最要。（同上　巻七）

まことに道理あることである。「口ゆえ身を労するは無益の事」である。この他種々の意見もあるがこれ位にして置くこととする。

（四）禁酒の根拠

禁酒の必要はあらためていわねばならぬことではないが、なかなかに実行の困難ということ、道理を顚倒するということによって出来難いのである。

酒欲に於いては一回これを嗜めば、終身止まず、天下の英傑ならざれば、ハタ改むると云う事なし、祭主林煥子は弱年より読書に散鬱《さんうつ》の為に酒を嗜み、常に一友に酬酢《しゅうさく》して娯しに、或る時友に向かいて酒は暇を費し、財を弊し、心を乱すこと有り、我は今日より過を改めるべしと、これより終身一滴も飲み玉《たま》わず余先時謁見せし時、侍史より窃に是事を聞きし事あり、それ君子の改過如之《これのごとく》、士として改め得ざるは勇気なき故なり。（同上　巻七）

と禁酒は勇気とは実に名言である。改過遷善《かいかせんぜん》にはどうしても勇気が必要なのである。

つぎに、

酒を嗜める者は悪きと思うて、飲む者は曾てなし、その故は聖人の宣う如く、子の愛に溺れ、七、八歳の孩児《がいじ》に酒を飲しむこれ愛するに非ず、実に悪める者なり、その好悪を試さんと欲せば、暫く過ぎて他の酔態を観る時は悊《てっ》に分かるべし。

（同上　巻七）

とそれに溺れた自分には好悪の見透しはつかぬ。静かに第三者の立場にあって他人の酔態を見る時はあきらかにそのよくないということがわかる。初めから悪いと思うて飲むものはない。自己陶酔というがまことに自慰我慢のそのままであるのである。次に酒を飲むのは有閑なることを指摘している。

人は閑暇を忌むべし。日月の運行を胆なば、須叟《しゅゆ》も休むべけんや。閑有ゆえ大酒を致し、民の妨と為る。陳軫《ちんしん》魏国に往きて、公孫衍《こうそんえん》に向かい、君は何故に飲酒するや、対云無事なるゆえのむと云えり、人酒に耽るは無事なる故なり。「小人閑居して不善を為す」は細事と云、然れども、無事ゆえ飲者は耽ざる人なり、今時は百事の多用を棄てての むは一般なり。
（同上　巻七）

世間を観るに、小民は一日僅に二百文を取り、この中毎日酒估寡《すくな》きは三、四十銭、過れば百銭にも及ぶ。飲酒は陰晴の分かち無し、日傭《ひよう》は晴天のみ、この勘弁も無く、父母妻子を育む事は勿論、一身を養う事能わず。
（同上　巻七）

これ故に酒は恐ろしいことである。働くに酒なくてはならぬというは

さて精力するに酒にあらざれば、労を渡さずと云うは、善を誣《しい》る賊言なり下戸は如何かなすか。
（同上　巻七）

まことにその如くである。酒盛なれば

劉伶《りゅうれい》が神に仮托して、その妻を欺くが如く、終身禁ずる事能わず、妻子に勧め

同類を集め、僧醵日に止まず、漸々風靡して竟《つい》に一郷火化し、迭に酕醄して口論絶ゆる間も無く、大いに良民の患と為る事親視えし事なり、或る領分家中豪飲大に行われ、渠等《かれら》は三人にて三升を飲む、儂等《わしら》は二人にて四升を飲むと互に勝劣を方《ばら》べ、天を恐れず世に衒《なら》う、風俗に移り、脱酒高陽《だつしやこうよう》の徒と成り、酔酗して時々刃傷起これり、色情も不酔顔にては起こらず、衆悪大抵酔酗より生ず、故に黄門義公遺訓に色と酒とは敵と思えと誡め玉うゆえ、……その郷村婬風《いんぷう》と成れば姦通して人倫の道廃《すた》れ、その中には病毒天刑伝染して、一家遺病と成りて倚人計《きじんばか》りにてその苦難仮ゆる者なし、治国の法は他なし、賭、酒、色の欲む禁ずれば、聖代に倖く罪罰も無く、財貨豊充すべし、故に唯これ三条禁誡に心を竭すべし。

（同上　巻七）

これは実に卓見である。酒より乱れて、その遺伝の恐るべく、禍毒一世に止まらざることを断言し、遺病によりて倚人となるとは今日の遺伝学が立証する所である。かくの如き徹底的に禁酒を強調強調したことは大いに注目してよいことである。

更に別の著述「家職の要道」の如きまた酒禁をといてその指南となしていることは見るべきものがある。正司考祺の如き禁酒家を我が国に有したことは大いに誇りとせねばならぬことである。以上引用せるものは尽く彼の大著『経済問答秘録中』より抜いたものであるが、要は経国済民の大義は禁酒の基調に立つことを痛論して余す所がないのである。

(12) 学塾と禁酒

青少年の教育に関して禁酒の問題は重要視せられ、江戸時代に発した学校教育に於いて酒を塾内に入れざるの規則を立てた処が少なくない。発達途上にある青少年の向上心をいかに深く注目したかがわかるのである。

ここに代表的学塾の禁酒を列挙することとする。

三浦梅園（享保八年八月二日生　寛政元年三月十四日死）は豊後の国富永《とみなが》村（今の西武蔵村）に生まれ、卓抜なる学風と高潔なる人格を以て、一家の学を建てた人である。その酒に関する意見は梅園全集の随処に見える処であり、殊に科学的見地から医学上の立論を以て酒害を説き、その弟子にさとしている。梅園塾にあっての特色は、三浦梅園が弟子に対する考え方であった。すべて門生を諸兄弟とよび、弟子はいずれも平等にして、富貴権門の如何を論ぜず、ひとしく労役を課し、蒲団を敷かしめず、先生五十まで敷布団をしかず、自ら師としての範を示し、諸門弟を率いたのであった。責善会を作って小さき杖を席上においた。

その意味は不肖の身を以て、人の掌上の珠を預ることは恐れても余りあることである。杖は畜生を鞭撻《べんたつ》使令する為に使うものである。堂々たる五尺の門弟諸賢の身は父母の遺体である。これに何ぞ鞭撻を用いられよう。かく今杖を席上に用うるのは非法を禁ぜんとする不言の責である。人の肌膚を傷《そこな》わんとするにあらずして、不言の中に責任を感じて、羞恥の心を養わしめ、その身を慎ましめんとしたのが、この塾の修法であった。門弟に対する人格尊重の至れる、まことに教育者として考えねばならぬことである。他人の「掌中の珠」、「父母の遺体」をあずかって教育する重責は、必然禁酒となってあらわれたのである。梅園四十四歳の年、明和三年正月二十日の禁制を

見るに、

禁

一、窃盗
一、婬欲
一、博
一、欺訴
一、口論ならびに殴撃
一、乱位次
一、敷蒲団
一、飲酒並煙
もしこの制をやぶり侍らば、衆中各鳥目一百銅を出し罪をあがなうべし。罪銭は吾得て飢渇の者にあたうべし。
一、飲食不法

一、履屐乱者
一、調度不次
一、慎火
一、看病
明和三年丙戌正月二十日
三　浦　晋　識
（『梅園全集巻』下　三〇六）

とあるは見るべき家法にして、その厳格なる塾制の程が伺われるのである。

同じく豊後の国に於いて有名なる学匠広瀬淡窓《たんそう》の塾制にも、このことは厳重視されている。その自伝として見るべき『懐旧楼筆記』には、福岡に出て師事せし亀井南溟《なんめい》の事を記して、杯酒の過によって官途を退き、罪を得て長く嫡居の身となり、益々放佚不検の行状となった有様を具さに記している。南溟が裸体になって褌のみをつけて外に出て、近隣の悪童共が群飲する所へ行って、大盃を傾けて悪童と大声あげて浩歌《こうか》長嘯《ちょうしょう》して、はては酔に乗じて、唾《つばき》を一人の悪童の口にぬじりつけた。悪童が怒って南溟をなぐりつけんとしたので、ほうぼうの体で邸へ帰りついた。悪童共は亀井の家を襲撃して来ようとした。時は正に夜三更の頃である。塾にあって睡眠に入っている頃、子供の昭陽先生の声で、塾生尽く出会えと呼ばれた。皆ねていて起きぬ。淡窓一人走って行ってみると、牆《しょう》の外では悪童が「男子たる者が、人の唾をねぶりて、そのままに止すべきか、我、彼の翁を撃たずば男子の面目が立たぬ」と、口々にさわいでいる。その無状を評して

嗚呼、先生天下の英才を以て、一藩の三尺に困《たしな》められ、区々として噌《しょう》等と伍をなせり。その不平の気あること宜なるかな。そも先生の人となり、伸ぶること能くすれども、屈すること能くせず。物に克つに勇にして、己に克つに怯《おじな》し。遂に千尺の鯨鯢《げいげい》を以て螻蛾《ろうが》に困められたり。豈惜まざるべけんや。

（淡窓全集『懐旧楼筆記』巻二　九六頁）

とある。酒飲み先生をもった塾の如何が、目に見える様である。南溟を評して「伸ぶることを能くすれども、屈すること能くせず。物に克つに勇にして、己に克つに怯し」とは、如実の金言として酒飲みにあてはめられるのである。酒の害を認めて禁酒するは己れの勇であり克己である。ここに思いを深くはせた処に淡窓の偉大な処があるのである。淡窓に有名なのは天保六年乙未閏七月九日に始めて一生涯を通した『万善簿』である。それを見ると善事には○を附し、悪事には●を附して、己れの徳行を日々に反省してある。酒は悪いものであったことは、よく自らもわかったのであろうが、なかなかにやめられなかったものと思われる。万善簿の中の一二を掲げてみるに

●　過二酒食一　●酒食余殃
二十五日飲酒為レ崇●
二十七日食時飲レ酒頭痛●
四月五日飲酒致レ疾●●●●●●●●●●●●●●●●●●●●●●●●●●●●
●●●●●●●●●●●●●●●●●●●●●●●

とある。最後の方は黒丸五十附してある処を見ると、如何に飲酒から疾を起こしたことの悪かったかを痛感してのことであろう。まことに酒癖をまぬかれんとして苦心したる苦戦悪闘のあとを見る様な気がする。

広瀬窓淡は酒に苦労した人であったから、塾生にも酒について注意していることは次の塾規である。まず「癸卯改正規約」、天保十四年の制定による飲食の部でみると。

飲食

一、酺日は毎月二十七日に定め、その外は五節句並に休日之分に可致《いたすべき》事
一、酺日は飲酒、自菜、菓子類、差許申候事
一、酺日之外、不時之飲宴、堅禁之《かたくこれをきんじ》候事
一、酒店、茶店等に出浮、飲食いたし候儀禁之《これをきんず》
一、酺日たり共、飲酒は師家都講に相達可申《もうすべく》、且飲酒之後は不可致他出《たしゅついたすべからざる》事
一、飲酒之儀は送別を除き、出外は居塾限りに致し、他塾を交え申間敷《もうすまじき》事

（『淡窓全集』中巻　二一―三頁）

毎月二十七日にのみ定め、その外は五節句にの飲酒を許し、他日は絶対に許さぬ。飲酒は師家都講の許可を受けて飲むこと、飲酒の後、他出を禁ずること、飲酒の時は送別会の外は居塾限りにして、他塾をまじえざることという規約である。それが安政四年の丁巳改正となると

雑

一、酺日之外、不時之飲宴堅禁之《これをきんじ》候事
一、酒店、茶店等に出浮飲食致候儀、酺日たり共禁之《これをきんず》
一、酺日飲酒後は不可外出《そとにいずるべからざる》事

とあって、酺日のみ飲酒を許され、他は堅く禁じられている。更に天保十五年四月の塾約に於いては

一、塾内、酒を禁ず

とあり、同じく嘉永五年壬子改正にも

一、塾内酒を禁ず

とあって、淡窓塾を無酒学校になした処に進歩の意が思われる。少しばかりと云う飲酒が、いわゆる節酒は困難にして禁酒たらしめねばならなくなるのは、酒というものの本来の面目を知ればわかる事実なのである。この変遷せる塾規の動きはまた興味あるものである。淡窓の作ったいろは歌に

酒飲まず銭を使わず外に出でず
　十に九つ悪人はなし。

酒と色二つの敵を防ぎ兼《かね》
　落城するぞ憐《あわれ》なりける。

○

次に上杉鷹山が藩学として、藩の子弟を教育した米沢興譲館《こうじょうかん》も、禁酒制酒に力を用いて、衰微した一藩の復興をなしとげただけの明君であるから、その藩学にもまた厳重なる制規を存している。安永六年二月二十一日興譲館戒令を発して

一、塾中にて酒相用候儀禁之《これをきんずしかしながら》、乍爾、薬用酒用候儀は夜分休之節独盃に限るべし。集飲は堅禁之《これをきんず》。此外《このほか》薬用と雖《いえども》、休の刻以前不許之《これをゆるさず》
その外、於講堂食飲の義は、塾生家督婚儀名跡等の生は祝の酒相催候儀格別、その外は禁之《これをきんずしかしながら》。乍然別段の仔細有之者《これあるは》、臨時伺の上、可随指揮事《しきにしたがうべき》

(『鷹山公世紀』二一六)

とあって塾中は堅く禁ぜられてある。

熊本時習館《じしゅうかん》の玄関壁上、楣間書札《びかんしょさつ》が木板に素地で墨書されてある学規には、

一、参校《さんこう》の輩教授職の指図違背有之間敷事《いはいこれあるまじき》

一、高声雑談謡曲等無用の事
一、素読は参校遅速《ちそく》の次第の通たるべき事
一、寮中酒一切禁制の事

とあり。更に宝暦二年七月豊橋藩学制定にも

一、酒無用たるべき事
附詩会等、これ有る時用候共《もちいそうらえども》、三爵を過すべからず

薩摩藩の藩学、鹿児島造士館《ぞうしかん》は、安永二年に藩主島津重豪《しげひで》の創立したもので、一藩の子弟を幕府の昌平黌《しょうへいこう》にならって創《はじ》められたものである。健児舎《けんじしゃ》といい、少壮年を一所に集めて、互に文武道を切嗟し、士気を磨き、卑劣をいましめ、何事にも協同一致の行動をとる団体訓練を行わしめた。この掟書九箇条がある。内、酒に関するものは

一、酒席に入るべからざる事

以上九箇条相背き候人は、郷中の交誼を拒絶すべき事とある。その他学校、寺子屋等に於いても酒を入るべからざる規定を作っている所は少なくなく、如何に酒が学校教育に注目されていたかを見ることが出来るのである。

(13) 禅門禁牌石

我が国禅寺の山門前に「不許葷酒入山門《くんしゅさんもんにはいるをゆるさず》」の石の榜標が建てられ、寺内を無酒道場としたことは、日本禁酒史上の特筆すべきことである。古くは山城西山三鈷寺の「不許葷酒肉五辛入山門《くんしゅにくごじんさんもんにはいるをゆるさず》」や、鎌倉極楽寺の「不許酒肉入山門《しゅにくさんもんにはいるをゆるさず》」もあるが、一般に主として禅寺、殊に曹洞宗寺院の門前に建てられる様になったのは近世のことである。

この禁牌石建立の創設者は承応三年、支那から長崎に渡来した明僧隠元《いんげん》である。ついで隠元は摂津普門寺に開堂し、更に万治元年には江戸に入り、将軍家綱に謁見して、深く幕府の信頼する処となり、地を洛南に選んで、黄檗山万福寺を開創した。ここに禅宗は新たに臨済、曹洞の外に黄檗《おうばく》の一宗が開かれるに至ったのである。黄檗禅の伝来は仏教界の一大刺激であった。

当時の仏教界は、幕府保護の下に、切支丹禁制の手段としての寺檀関係から、自然国教的地位を独占した。戦国以来の悪風を伝えて、内に漸く惰気を生じて戒律観がゆるみ、酒を飲むことを敢て仏戒にそむくとも考えなかったのである。当時の禅林の風儀如何と見るに『大鑑清規』の著者は

今日本禅林を睹《み》るに、洞上に於いては間々《まま》規式を講ず、済家は但々《ただただ》節序課誦なるのみ、明清規典、微に此に行わると雖も、率ね華飾に従事し、只衣食を図る、益々学んで益々遠し。伏して此土の禅林諸老に告ぐ、平生非梵、葷酒に放肆し、飲啖自若たるは、知らず、禅規いずれの日にか行われむ。痛むべし。

といっている。「平生非梵、葷酒放肆、飲啖自若」の有様が、当時の有様とすれば、

全く禅の清規作法が行われていないこと甚だしいものである。

ここに来化、これを見て慨嘆したのは隠元禅師であった。無酒道場として禅苑を規定せねばならぬと考え、黄檗宗門宗灯炳耀《へいよう》の為に、本山亀鑑《きかん》数条を作って、後鑑制規とした。その一条に厳しく本山及び諸山、凡そ黄檗の法属を称する者は、葷酒を山門に入れ、仏の重戒を破ることを得ずと規定し、更に

不許葷酒入山門《くんしゅさんもんにはいるをゆるさず》

の禁牌石を山門外に建つることを規定した。

隠元の黄檗清規《おうばくしんぎ》の法具図には、その形式を図示して、高さ六七尺、広一尺二寸と記してある。これが近世に於けるこの禁碑石建立の濫觴である。現黄檗山門頭にも曾て建てられてあり、現在の寺号を刻したものは、この禁牌石で、コンクリートで埋められたと聞いている

心なき末世の法孫のなしわざとはいえ、宗祖隠元禅師のこの厳訓に対して、何の面目

がある。更に隠元禅師の作であると伝えられているものに煙草のことを

一管の狼煙呑んで復た吐く
あたかも炎口鬼神の身の如し
当年鹿苑に此艸あらば
五辛と説かず六辛と説かん　（原漢文）

といっている。酒と煙草とは共に修行の障りであるが故に、かくは厳禁せられたのである。いずれにせよ、泰平漸くなれ、鎖国の夢に、上下は惰気を生ぜんとしていた時のことであり、ここに禁酒道場の出現はまことに意義深いことであった。将軍家綱の治政下で、寛文十年は米穀みのらず、幕府は新に酒造を厳禁している。従ってそのことに関連して、宗門内にも及ぼされている。曹洞の史料を手許に有しているので、これに見るに、

定　壁　書　也

一、近代往々挙世不飲酒を犯す、自今已往《いまよりいおう》、一家の集会堅く用うべからず。方外の□者自らを護りて俗を制するに及ぶべからず

寛文十庚戌年九月十四日

右日附を以て関三刹（曹洞役寺、総寧寺、龍穏寺、大中寺）から発せられた。

これより先、膳部のこととして、仏事に酒を用うることに対して

一、僧侶の参会、珍客たりと雖も、一汁三菜、酒三返に過すべからず

一、旦那饗応の時、二汁五菜、酒三返たるべし

一、江湖の内、葷酒山門に入るべからず

と布令したのは慶長十三年八月八日である。その後も江湖会《ごうこえ》、九十日集僧安居結制《あんごけっせい》の時には、葷酒を山門に入れずとの禁は度々出されている。

かく葷酒の禁が出されていることよりするも、隠元の禁牌石とはまことにふさわしいもので、当時多くの曹洞宗臨済宗の者が、この門に入って新しい教義、清規に感激したことから、やがて禁牌石の門標を各寺の門同に立てる様になったことと思われる。元禄十年関三刹、大中寺石牛《せきぎゅう》、龍穏寺印珊、総寧寺緑岩の名を以て下されたる出羽上の山寿仙寺の文書を見るに

定

吾宗の寺院愈々《いよいよ》仏制に順い、須《すべか》らく葷酒及菓酒を門内に入るを禁ずべし、勿論他家に到ると雖も、堅く飲用すべからず。もし違犯の僧侶有らば法に依ってこれを罰する者なり

元禄十丁丑年

中冬日

大中寺石牛

龍穏寺印珊

総寧寺緑岩

寿仙寺

これはいよいよ禁牌石を建てしむるよき動機となったものと思われる。貞享元年五月二十日の能登総持寺山内芳春院文明が、丹波洞光寺へ送った書翰に見るに

葷酒禁法之儀、従当寺（総持寺）より書出被届《とどけさせたる》候段御尤《ごもっとも》奉存候《ぞんじたてまつりそうろう》、然共《しかれども》終《つい》に当寺より壁書申出例無之《これなき》候。国々悉皆《しつかい》禁酒候間は且は為御国候条三寺（関東三箇寺）御相談を以、先三僧吏にて成共《なりとも》可被仰付《おおせつけらるべく》候。急に有之《これあり》候わば俗僧何角と可申《もうすべく》候間□可為禁酒《きんしゅたるべし》もと毎度噂候故、僧中参会は厳敷止可申《きびしくやめもうすべく》様と□可然《しかるべき》哉。門牌杯の儀は御遠慮可被成《なさるべく》候。いずれ造異に好申様に、年々御□可被成《なさるべく》候。本山より申付無之《これなき》段は、元来仏制に候得は今更申渡に不及《およばざる》儀との衆評に候。何の国にも不被申渡《もうしわたされざり》候間、左様思召可被下《くださるべく》候縷々《るる》御使僧申渡候

とある。甚だ紙魚多き故に読み難い点もあるが、ここよりすれば、貞享元年頃に既にこの葷酒禁法が完全されて、御国の為の禁酒が出来た。僧中参会に俗僧は禁酒に何かというであろうが、厳禁すべきことであり、門牌の儀は、自由好きにまかす。本山よ

り命じないのは葷酒禁制は、元来が仏制であるから、何もその道場に建てるに及ばぬとの衆評の結果となしている。既にこの時、この禁牌石が曹洞宗門の問題となって来たことと思われる。

仏事禁酒または制酒については、しばしば布令法度が出されている。今智恩院法度書を見るに

一、法事斎会之事

若《もしく》は他之請に趣き、若《もしく》は寺院において檀家より施会を致す事、施主の志者、皆これ冥福の資を以、本とす、然るに寺院において相営候節、偏に施主の饗応に心を尽し、或いは檀那用を表とし、不似合《にあわざる》事に僧を使い候の類、よろしからず候。また或いは施主よりその具を賜り、心に背き難きとても、牌前へ酒など供し候事、非法に候。惣じて実儀を不失《うしなわざる》様に、向後屹度可相慎《あいつつしむべく》候。且また雖為施主之懇望《せしゅのこんぼうなりといえども》、斎会之饗心軽くいたし、若《もしく》は他之請に趣き候砌《みぎり》も、右之趣申諭し軽く為相営《あいいとなませる》事申候、尤可為禁酒《きんしゅたるべく》、施主の饗応に酒出し候ども不可遇三献《さんこんをぐうすべからず》候。入院嘉儀等、饗

応、尚以軽く可仕事《つかまつるべき》

（『宗教制度聚類』五五三）

その他、各宗いずれも大同小異の法令が出されている。

享保六年六月二十四日幕府は倹約令を出して、ついで寺院に及んで、享保七年三月二十六日の法度となった。老中水野和泉守忠之《ただゆき》から寺社奉行土井伊予守利意《としもと》に左の覚書を交附した。

今度法事等の儀、諸大名へも被仰出候《おおせいでられ》。総而外をかざらず、実儀を不失様《うしなわざる》にとの御事に候。

夫《それ》に付諸宗之作法、近世俗に随いよろしからざる事共、相改可然《しかるべき》品も候わば、本寺本寺より法度書にても可遺《のこすべき》哉。且また俗人にかかり合い候儀は、此方よりも可相達《あいたつすべく》候間、其品可申聞《もうしきくべき》事よって土井伊予守は翌二十七日自分の役宅へ諸宗触頭《ふれがしら》を召集し、書付を以て令を伝え、また口上にて左の意味を念達した。

御書付之通り、諸宗之作法 不 宜《よろしからざり》 候事ども相改可 然《しかるべき》品も候わば、本寺より法度書にても可被成《なさるべく》候。……総じて法事などを施主より料物遣し候て執行有之《これある》処に、その施主へ馳走致し、その寺亭主の様に罷成《まかりなり》、その上にて酒盛など致候様に成行、如何

と申し渡し、右書付並に口上の趣きを本山へ通告すべきことを命じた。茲に於いて諸宗本山は触頭よりの報告に基き、直に法度を制定し、寺社奉行に提出して検閲を乞い、これを公布した。宗派により文案は一様ではないが、曹洞宗のは左の如き掟書を発布し、宗門に遵奉すべく申し渡した。

曹洞宗法度書之案　覚

前略

一、供養施斎之日、施主の饗応は一汁三菜或いは二汁三菜、且また法中臨時之参会は一汁二菜、祖忌斎会は二汁三菜、尤葷酒禁ずべき事

一、一宗之寺院、檀那格別之招請には、一汁五菜酒三献にすぐべからず。総而遊宴等之奔走相催し申間敷《もうすまじき》事

右は近年に至り、吾宗之作法俗に随い、不宜《よろしからざる》品相聞え候、依之《これによりて》前件之条々這回達公聴《こうちょうにたつし》相触候条、堅可相守之《かたくこれをあいまもるべし》。尤従往古《おうこにしたがい》禁酒之道場と立来候寺院は、尚また可禁之《これをきんずべく》、若違犯の輩於有《あるにおいて》は、依法可罰之《ほうによりてばっしべき》者也

上件之条目、吾宗に限らず、諸国一統にその家々之掟書被仰付《おおせつけられ》候。且また文体俗に聞え候得共《そうらえども》、下々迄解しやすく得々呑込候様にとの思召故、一宗の私意を加えず、相触候間、各々被得其意《そのいえられ》、配下之寺院違犯無之《これなき》様、急度可被達《たっせらるべく》候。尤承知之上、諸之印請早々可被差越《さしこえらるべく》候以上

享保七壬寅年五月

大中寺 在判

龍穏寺同
総寧寺同
諸国寺院

これが将軍吉宗の勤倹令の結果である。享保五、六年頃より、大風雨あり、様々な天災に見まわれ、ここにこの法度を見たのである。寺内の法令は禁酒であるが、檀那格別の招請によって酒三献に過すべからずとあるは、尚禁酒ではない。制酒とは、ただ「酒三献」、「乱に及ばず」等の節度は、語はよいが、実際に於いては困難であり、そこに酒の魔力を見のがしたる、いわゆる闇があるのである。

この法度書に示したることが、如何に行われ難きものとなったかということは、次の享保十二年十月の仏事禁酒の触が如実に物語っている。

一、吾宗の師学先規の如く、会中並に臨時の参会或いは他家に到ると雖も、断葷禁酒たるべき事

一、檀方格別の饗応酒、止を得ず、三献の限制之有る処、誤って法中を移し、追日弊風に及ぶの由、師学慚愧の至りなり。向後は右格別之饗酒共、皆禁致すべき事

右の趣官衛に達し、此度相改め触及び候間、師学その意を得、諸寺院、壁間に貼在し堅く相守るべし。もし違犯の輩はこれに依てこれを罰すべき者也

享保十二年十月

総寧寺

大中寺

龍穏寺

（『洞上公論』百四十一）

所謂なまぬるい節酒では、結局駄目なのである。二献三献で限量出来るものであるならば、酒を禁ずるに困難はないのであるが、それが限りなく沈湎してゆく処に、酒

の特徴がある。その酒の性質、酒の何たるかを考えずしての制酒は結局、大酒への門戸を開くものである。何より禁酒が大切であるかは、ここによって判然となるのである。これ等がいよいよ寺院に禁牌石を建てしめる、一層の助縁となったかとも考える。これを諸寺院壁間に貼在して違犯なき様厳守せしめたことは意義あることである。江湖会の定規、即ち結制九旬安居の規定にも、断葷禁酒のことが強調せられて来た。試に安永四乙未歳六月二十八日に関三刹が下したるものを見るに

一、結制毎会禁足安居仏祖の行履《あんり》に準ずべき事
一、坐禅念経布薩念誦仏祖の常法に準ずべき事
一、参禅学道講教説禅仏祖の用心に準ずべき事
一、上堂小参法門商量仏祖の規則に準ずべき事
一、粥飯茶湯断葷禁酒仏祖の律度に準ずべき事
右の条々師学これを厳守すべし。もし違犯之徒之有るに於いては、衆議一決して録所に達し、その指揮を受くべき者なり。

という厳制を下して、江湖会九十日間の修行規定を制定し、之に断葷禁酒を「仏祖の律度」或いは「仏祖の制行」として重要視するに至ったことは、仏教本来の面目に自覚せしめたるかを見るのである。されば同じ禁牌石が、黄檗流をとらずして「禁葷酒」或いは「禁葷酒入山門」と変化したことは一段の進歩であったといわねばならぬ。

解説

われわれ日本人にとって、酒は特別の意味を持つようである。それは、人間関係の潤滑油でもあり、また、冠婚葬祭や花見に不可欠のアイテムでもあり、また、神前に捧げる神聖な「お神酒《みき》」であったりもする。夜の盛り場に行けば、そこには日頃の鬱憤を酒で晴らそうとするサラリーマンたちの姿がある。われわれは、まだ子供の内から、酒は「大切なもの」「良いもの」「欠かせないもの」であることを、知らず識らずのうちに心の奥底まで刷り込まれてゆく。現在わが国のみならず、世界で最も売れている漫画『ONE PIECE』において、各々の小ストーリーは酒宴とともに大団円を迎えるのであるが、主たる対象の視聴者・読み手が未成年であることを顧慮すると、これは奇異なことと言わざるを得ない。毎日毎日、テレビ番組の間に流される奔流のごとき酒のコマーシャルを考えあわせると、我々の酒に対する考え方・感じ方（これを以下「酒観」と呼ぶことにする）は、世界でも特殊なものであることがうかがい知れる。それは我が国の文化・伝統・習慣・風俗・風習・宗教などの中で、長い時間の経過とともに形成され、今日に至ったものであり、根は相当深いものであることを先ず認識する必要がある。

では、いかなる点において、我々の「酒観」は世界の中で独特、特異なものなのであろうか。それは一言でいえば前述の如く、日本人の「酒は良いもの」「酒は目出度いもの」「生活に欠かすことのできないもの」といった、謂わば「酒に対する底抜けの肯定感」であると言ってよい。社会的側面と宗教的側面の両方において、その傾向性は顕著にみられるのである。

※　　※　　※

言うまでもなく、もし酒（アルコール）というものが人間の心身にまったく悪い影響を及ぼさない飲み物（薬物）であるならば、わたしたち日本人が、私たちの「酒観」を見直す必要はない。だが、近年、人間の心身に及ぼす様々な酒の悪影響が医学的見地から明らかになってきたことにより、さらには日々酒にまつわる様々な事件・事故がメディアを賑わす状況を見るにつけ、我々は「酒観」の即刻の変更を余儀なくされている現状を直視せざるを得ない。酒の害毒とは何か。それはすなわち身体への影響においては、様々なガンの原因（最新の研究では肝臓ガン、口腔および咽喉ガン、咽頭ガン、食道ガン、結腸ガン、直腸ガン、乳ガンに関係があるといわれている）、脳の萎縮、肝臓・食道・胃・膵臓等、内臓器官へのダメージ、生活習慣病、外傷など、数えればきりがない。この点に関してＷＨＯ（世界保健機関）は、「酒は六〇種類を超える病気の原因であり、二〇〇種類以上の病気に関連している」と警鐘を鳴らしている。一方、心への影響については、アルコール依存症は言うまでもなく、うつ病、睡眠障害、認知症、自殺などとの関連が指摘されている。

しかし、以上は「個」としての人間に与える害毒を数えたに過ぎないのであり、さらに「社会的害毒」をここに加えることを忘れてはならない。すなわち、ＤＶ、児童虐待、家庭崩壊、胎児・乳児への影響、介護問題、世代連鎖、飲酒運転、生産性の低下、失業問題、貧困問題、様々な犯罪、未成年飲酒、アルハラ、医療費の増大などとの関連である。

こうしてみると、どうであろう。まさに酒とは、「害毒の総合商社」そのものではないか。売られた酒の分だけ、飲まれた酒の分だけ、そこに人々の涙が流されてきたという事実を我々は今こそ直視せねばならないのである。

※　※　※

大多数の人間が酒の陶酔作用に騙され、或いは「世の習い」という言葉で自他をごまかして、事の本質と重大性が見抜けない中にあって、洋の東西を問わず、いつの時代にも「具眼の士」が、世に警鐘を鳴らしてきた。少し長くなるが、貴重な先人の言葉をここに引いてみたい。

この世に行われる一切の犯罪を合わせても、酒に酔うことくらい多くの人間を殺し、また多くの貧窮を作り出すものは無い。

（フランシス・ベーコン）

毒薬であるアルコールの有する効力は、ただ無知な社会の舌を軽くするにある。

（エミール・クレペリン）

文明は何か刺戟《しげき》を求めて次第に強烈な刺戟物を要求するものでありますが、酒によって刺戟を得んとすることは間違って居ます。酒は間違った刺戟剤であります。酒を飲むことによって生活が低下し、社会改造が遅れる。

（賀川豊彦）

うさ晴らしのために酒を飲むなど言う者もあれど、酒は心配苦労を掻き集める熊手の様なものである。決して憂愁煩悩《うれいなやみ》を打ち消すなどの効力は無い。

（山室軍平）

一言以て之を蔽はば、仏教は治心術なり。而して酒は乱心剤なり。されば酒は仏教の敵にして、仏教に酒を禁ずるはその理最も見易し。独り怪む、北部大乗者流の中、淫を断ち肉を禁ずる清僧に在りて、なほ恬として酒を飲む者あるを。

（織田得能）

戦争と、疫病と、饑饉《ききん》と、この三つのものを合わせても、酒ほどに人の命を奪うものは無い。

（ウィリアム・グラッドストン）

酒屋はフランスにおいて貧民を造る学校であり、その礼拝堂である。そこにおいては、窃盗は財産に関する道徳として教えられ、虚言は雄弁として教えられ、暗殺は人民の正義として教えられるのである。

（チャールズ・ディケンズ）

もし酒がなかったならば、この地球はいかに平和であろう。「慾すでに孕《はら》みて罪を生み、罪すでに成りて死を生む」ということがあるが、酒の慾より犯罪が出来、犯罪より人間の堕落滅亡を来すのである。

（留岡幸助）

いったん酒という大溝に墜落した者は、一刻も早くその中から這い上り、綺麗サッパリと足を洗い、また、いまだ落ちざる者は、足元の明るい内に危険を避けて、安全の道を踏むようにと、私はくれぐれも勧告するのである。

（安藤太郎）

酒はあらゆる罪悪の種子である。あらゆる失敗頓挫の母である。古往今来、酒の為に身をあやまり、家を破り、国を滅ぼした例証はいくらでもある。日々の三面記事の多くは、酒に起因した出来事が多い。刃傷事件、詐欺、窃盗、皆その背後には酒が潜んでいる。

（多田恵一）

酒は失望を来すものであります。望むことが来たらず、人間の身に幸福が無くなってしまうのです。

（美山貫一）

わが国今日の最大要務は精神的文明を鼓吹するに在り。しかしてこれを鼓吹する最大利器を禁酒事業とす。

（根本正）

飲酒という下等なる歓楽にふける者は、真正の福祉を失い、徳善の行を損じ、剛毅の志を失い、健康の身体を害す。まことにおそるべくして戒《いさ》むべし。

（サミュエル・スマイルズ）

飲んだ酒は覚める時節がある。自主自由の無限者は以前よりひどい有限の縄に縛られる。

（鈴木大拙）

酒は人の魂も肉体も滅ぼす毒薬である。それを製造する業者は善良な人々を殺害しつつある者である。彼らは大勢の人々を、屠殺所に引かれるヒツジのように、地獄に追いやっている。

（ジョン・ウェスレー）

かつて初めて向陵の人となり今村先生に醇々として飲酒の戒を聞いたその夜、紛々たる酒気と囂々《ごうごう》たる騒擾《そうじょう》とをもって眠りを驚かす一群を見て嫌悪の念に堪えなかった。ああ暴飲と狂跳！人はこれを充実せる元気の発露と言う。吾人は最も下劣なる肉的執着の表現と呼ぶをはばからぬ。

（和辻哲郎）

酒と煙草とを用いなかった事は私の健康に対して、どれほど仕合せであったかと今日大いに悦んでいる次第です。故に八十六のこの歳になっても少しも手が顫《ふる》わなく、字を書いても若々しく見え、敢て老人めいた枯れた字体にはならないのです。

（牧野富太郎）

我々は、こうした先人の声を無視することなく、正面から受け止めて、現代においていっそう深刻の度合いを増している酒害問題と取り組んでいかなくてはならない。

※　※　※

宗教的教義と絡めたアルコールの問題についてもここで触れておかなければならないだろう。私事だが、筆者もかつては、かなりの大飲みだった。毎晩のように、ここの飲み屋、あそこのスナックと、何軒も梯子をしていた時期があった。だが或る時、チベット探検で有名な僧侶、河口慧海の『在家仏教』という本に出会い、そこで慧海が切々と五戒を守る重要性、特に飲酒の害について訴えているのを読んで心打たれ、人生初めての断酒を決意したのであった。その時の断酒は残念ながら一年足らずで途切れてしまったが、それから現在に至るまで、飲酒と不飲酒の間を行ったり来たりしている内に、私は「酒害」の問題について非常に強い関心を持つに至ったのである。禁酒の夜長のつれづれに、依存症の方々の断酒ブログなどを読んで、自分自身への諌めとしたことがそのきっかけであった。色々なサイト、ブログを見る内に、アルコールという薬物が如何にひどい害毒を社会にまき散らしているかを確信するようになった。

だが酒を止めることの難しさは、私の想像を超えていた。依存症とまでは言えない自分のような者でさえも、断酒には相当の辛抱が必要だった。このアルコール牽引力・魔力に対して愕然としたのである。河口慧海のような真摯な仏教者は現代でもおそらく酒は飲まないだろう。仏教の開祖、ブッダは、原始経典において、在家・出家を問わず、非常に強い語気で、飲酒を禁じているからである。(在家が守るべき「五戒」の中に不飲酒戒が入っている。) しかし時を経て、我が国では戒律がなし崩し的に緩んでしまった結果、現代日本の仏教各宗派は、釈尊の教えに基づいて、世間に向かって「不飲酒」を訴えることなどとても出来ない状況にある。これは、我が国の文化・習俗の底流に流れる「酒観」が、仏教の教義さえをも変容させてしまった現象と見て良いのかもしれない。誠に残念なことである。しかし仏教のために一言弁ずれば、仏教の教えはあくまで内面に向かっていくものであり、外部に「運動」として出ていきにくい性質は本来的にあるように思われる。個人的にはいつの日か、真摯な仏教徒が集まって、「仏教的断酒会」的な集まりが出来れば素晴らしいと考えている。アルコールに限らず、薬物依存からの回復には、複数の依存症者が集まって交流し、経験、心情を吐露し合うという集団的療法が効果的とされているからだ。

一方、キリスト教系団体・個人は、アルコール問題の啓発運動、依存症者のケアという点に関して、仏教よりも目立った活躍、貢献をしている。先に言葉を引いた賀川豊彦（長老派）、留岡幸助（組合派）、根本正（受洗は長老派、のちメソジストに転会）、安藤太郎（メソジスト）、美山貫一（メソジスト）、山室軍平（救世軍）らは、みなキリスト者であることを忘れてはならない。禁欲的なカルヴァンの系譜に属する長老派や組合派、そして聖潔《きよめ》と社会福祉を重んじるウェスレーの系譜に属するメソジストや救世軍は禁酒・排酒運動に大きな力を発揮してきた（なお、教会の聖餐式のワインの代替物として、アルコール分のない葡萄ジュースを世界で初めて作り出したのはメソジストのウェルチである）。それは明治以降の我が国の禁酒・排酒運動に於いてもそうである。一方、カトリックや正教、聖公会やルーテル教会は教義としての禁酒の戒律を持たない（新約聖書『エフェソの信徒への手紙』にあるように、酔いしれることは禁じている）が、それらの教派にもＪＣＣＡ（日本カトリック依存症者のための会）や、ルーテル教会の釜ヶ崎ディアコニアセンター「希望の家」など、アルコール依存症からの復帰のための施設は数多く存在する。また、賀川豊彦らがすでに行っていたように、これらの禁酒運動は、ＤＶや児童虐待の防止活動という側面もあることも指摘しておきたい。

さらに他の宗教に関して付言すれば、熱海の来宮神社など、禁酒にご利益があるとされる神社はあるものの、神前にお神酒を捧げる神道はアルコール問題に関して組織的な取り組みを行っていないように思われる。イスラム教に関しては、その教義は一般に、厳しい禁酒教ではあるが、今のところわが国で大きな勢力には至っておらず、それが日本の社会に及ぼす影響力をどの程度持ちうるのか、その潜在的力は未知数である。

※　　※　　※

ところで最近、女性の飲酒量が上昇し、女性の依存患者がうなぎ上りに増えているという記事を目にした。酒製造業者は、「商売」として酒を販売している。少子高齢化が進み、若者の「酒離れ」現象が報じられる現状で売り上げを確保するため、女性をターゲットに広告・宣伝をするという戦略に出て、それが功を奏した訳だ。彼らもまたそれぞれに、過酷な資本主義経済の中で生き延びをはからねばならない一つの企業体である。売り上げ第一であることは言うを俟たない。彼らに自浄能力や倫理などを求めるのは、木に縁りて魚を求む類の愚であろう。外部から変えていかなければならない。酒が如何に莫大な「社会的コスト」を要するものなのかを世に周知せしめ、国を、政治を動かすことによって、ある種の「強制力」を以て変えていくしか道はないものと思われる。だがそこに「憎しみ」は不要である。ただ切々と理を以て説得するという姿勢で行きたいものである。問題の本質は、酒の悲惨さ、酒の恐ろしさが、大部分の国民に知らされていないということに尽きる。

※　　※　　※

本書『日本禁酒史』は名著である。日本の禁酒の歴史が古代から近世まで、分かりやすく簡潔にまとめられ、読者はそれを容易に概観出来るようになっている。類書も他にあまり見当たらない。私たちが本書を復刊して江湖に問うた理由は、我が国において酒害の問題がもっと国民一般の知るところとなり、本書が議論の資料、潮流変換の契機となればと願ってのことである。前述した日本人の「酒に対する底抜けの肯定感」は、世界的にみても異常である。そこに社会的歯止めも宗教的歯止めも、殆ど存在しない。各酒造メーカーはこれを幸いに、毎日毎時間、過剰なテレビＣＭを日本全国に流して、人々の飲酒欲求を刺激するのに忙しい。そして当然の如く、連日のように、日本の津々浦々で酒害の問題が起こる。飲酒運転による惨事、飲酒した上での殺人、放火、窃盗、暴力、自殺……。そうした問題が起こった時に彼らが決まって持ち出す常套句は、「自己責任」であるようだ。だが、アルコールのような依存性のある薬物に関して、百パーセントの自己責任論を持ち出すのは間違っている。覚せい剤・麻薬同様、製造・流通を規制しなければ、根本的な解決は存在しない。すぐにゼロにせよ、などと主張するつもりは毛頭ない。それは現実的ではないし、米国の「禁酒法」の事例が頭をよぎる。解決策は一かゼロかではない。さしあたりは或る種の「総量規制」的な強制力の発動が必須であり、先ずはそこから始めるのである。

本書が志を同じくする人々にとって好適の資料となり、彼らの理論武装が速やかに行われ、彼らによって酒害の問題が世に周知されることによって、酒害によって悩む本人、その家族の方々が、一日でも早く、一人でも多く、その苦しみから脱することが出来るよう、心から願ってやまない。夜明けは遠いが、漆黒の闇ではない。本書はその暗路を照らす松明であり、ランタンである。

日高　彪

平成二十八年十一月十七日

[著者]：藤原 暁三（ふじわら・ぎょうぞう）
禁酒運動家、僧侶。駒澤大学仏教学科本科において、後に日本禁酒同盟の第六代会長となる諸岡存に学ぶ。著書に『仏教と酒―不飲酒戒史の変遷に就て』、論文に「天桂禅師の性行」など。

[編者]：日高 彪（ひだか・たけし）
昭和44年5月28日、名古屋市に生まれる。文学・歴史研究家。東海中学・東海高校（浄土宗）に学ぶ。平成6年3月、早稲田大学第一文学部文学科日本文学専修卒業。出版社勤務を経て現在に至る。

日本禁酒《にほんきんしゆ》・断酒《だんしゆ》・排酒運動叢書《はいしゆうんどうそうしよ》　1

日本禁酒史《にほんきんしゆし》

平成29年1月20日初版第一刷発行
著　者：藤原《ふじわら》 暁三《ぎようぞう》
編　者：日高《ひだか》 彪《たけし》
発行者：中野 淳
発行所：株式会社 慧文社《けいぶんしや》
〒174-0063
東京都板橋区前野町4-49-3
〈TEL〉03-5392-6069
〈FAX〉03-5392-6078
E-mail:info@keibunsha.jp
http://www.keibunsha.jp/
印刷所：慧文社印刷部
製本所：東和製本株式会社
ISBN978-4-86330-180-1